DAILY 20日間 英検®2級 集中ゼミ
[新試験対応版]

「英検」は，公益財団法人日本英語検定協会の登録商標です。

はじめに

英検の一次試験まで，あと何日ですか。
一次試験突破のためには，試験本番までの学習計画をしっかり立てることが大事です。

本書は，20日間で英検2級の一次試験突破を目指す問題集です。1日に取り組む範囲がきっちり決まっているので，学習計画が立てやすくなっています。最終日の模擬テストをのぞき，1日に必要な時間は30分程度。毎日の生活の中のほんのちょっとの時間が確保できれば，無理なく英検対策ができるのです。

みなさんが，この本を手にとった今日が「集中ゼミ」のスタートです。スケジュールを立て，これから始まる20日間の学習のイメージができあがったら，早速，1日目の学習に取り組みましょう！

英検2級は，2016年度より英作文が加わるなど大きく変わりました。新試験に完全対応した本書が，みなさんの英検2級，一次試験突破の一助となることを心より願っています。

最後に，本書を刊行するにあたり，多大なご尽力をいただきました九州大学准教授 内田 諭先生に深く感謝の意を表します。

旺文社

※本書は，2016年7月時点の情報に基づき，2015年7月に刊行された『DAILY20日間 英検2級 集中ゼミ［四訂版］』の内容を，2016年度以降の試験形式に合わせて再編集したものです。

もくじ

0日目	本書の構成と利用法 …………………… 4
	カレンダーに学習予定を書き込もう …… 6
	英検2級一次試験の問題を知ろう ……… 8
	英検について ………………………… 10

基礎編

1日目	筆記1	短文の語句空所補充問題を攻略！①（単語）………… 12
2日目	筆記1	短文の語句空所補充問題を攻略！②（熟語）………… 18
3日目	筆記1	短文の語句空所補充問題を攻略！③（文法）………… 24
4日目	筆記1	短文の語句空所補充問題を攻略！④（語法）………… 30
5日目	筆記2	長文の語句空所補充問題を攻略！① ………………… 36
6日目	筆記3	長文の内容一致選択問題を攻略！① ………………… 42
7日目	筆記3	長文の内容一致選択問題を攻略！② ………………… 54
8日目	筆記4	英作文問題を攻略！① ………………………………… 66
9日目	リスニング第1部	会話の内容一致選択問題を攻略！① ……… 72
10日目	リスニング第2部	文の内容一致選択問題を攻略！① ………… 82

応用編

11日目	筆記1	短文の語句空所補充問題を攻略！⑤（単語）………… 94
12日目	筆記1	短文の語句空所補充問題を攻略！⑥（熟語）………… 100
13日目	筆記1	短文の語句空所補充問題を攻略！⑦（文法）………… 106
14日目	筆記1	短文の語句空所補充問題を攻略！⑧（語法）………… 112
15日目	筆記2	長文の語句空所補充問題を攻略！② ………………… 118
16日目	筆記3	長文の内容一致選択問題を攻略！③ ………………… 124
17日目	筆記4	英作文問題を攻略！② ………………………………… 136
18日目	リスニング第1部	会話の内容一致選択問題を攻略！② ……… 142
19日目	リスニング第2部	文の内容一致選択問題を攻略！② ………… 152
20日目	実力完成模擬テスト ……………………………………………… 162

ポイントのおさらいと学習アドバイス ………… 214
二次試験・面接はこんな試験！ ………………… 216

実力完成模擬テスト 解答用紙 ………………… 巻末

付属CDについて

付属CDに対応した箇所は，本文では  のように示してあります。
収録内容とトラック番号は以下の通りです。

トラック番号		収録内容
Tr. 1	0日目	英検2級一次試験の問題を知ろう
Tr. 2	9日目	リスニング第1部　例題
Tr. 3 〜 12	9日目	リスニング第1部　練習問題（No.1〜No.10）
Tr. 13	10日目	リスニング第2部　例題
Tr. 14 〜 23	10日目	リスニング第2部　練習問題（No.1〜No.10）
Tr. 24 〜 33	18日目	リスニング第1部　練習問題（No.1〜No.10）
Tr. 34 〜 43	19日目	リスニング第2部　練習問題（No.1〜No.10）
Tr. 44 〜 59	20日目	実力完成模擬テスト　リスニング第1部（No.1〜No.15）
Tr. 60 〜 75	20日目	実力完成模擬テスト　リスニング第2部（No.16〜No.30）

〈ご注意〉ディスクの裏面には，指紋，汚れ，傷などがつかないよう，お取り扱いにご注意ください。一部の再生機器（パソコン，ゲーム機など）では再生に不具合が生じることがありますのでご承知おきください。

執　　筆：内田 諭（九州大学准教授），
　　　　　茅野 夕樹（ロイ英語事務所），
　　　　　Clinton Lane（幕別町教育委員会 国際交流員），Michael Joyce,
　　　　　Elizabeth Nishitateno
編 集 協 力：株式会社シー・レップス
装丁デザイン：内津 剛（及川真咲デザイン事務所）
本文デザイン：ME TIME LLC（大貫としみ）
本文イラストレーション：峰村 友美
録　　音：ユニバ合同会社
ナレーション：Greg Dale, Julia Yermakov,
　　　　　大武芙由美
編　　集：林　充

0日目 本書の構成と利用法

本書は，英検2級の一次試験に合格するために必要な力を20日間で身につけられるように構成されています。

0日目

0日目はこれからの学習の準備編です。まずは本書を使った学習計画を立ててから，英検2級の概要を押さえましょう。

音声ガイドつき
付属CDのトラック1で，この本の使い方と英検の問題形式を簡単に解説しています。0日目とあわせて，学習の初めに聞いてみましょう！

1日目～10日目（基礎編）／11日目～19日目（応用編）

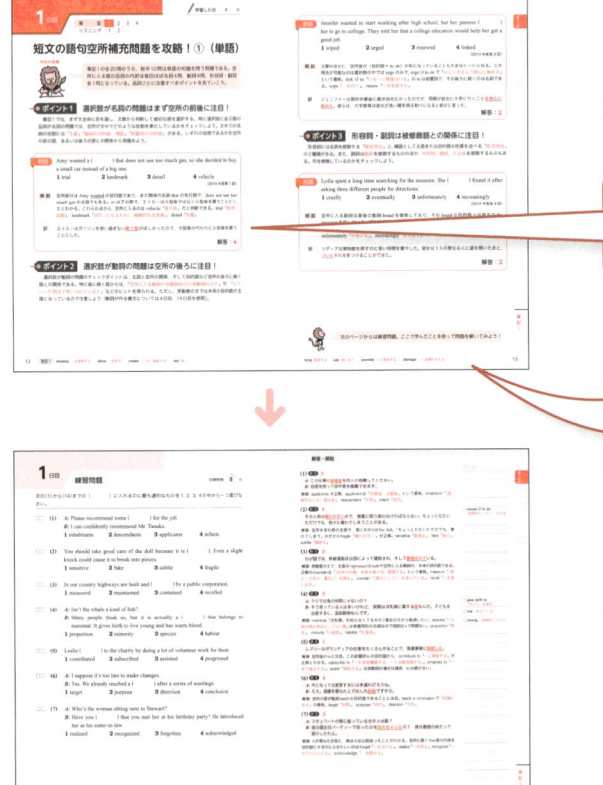

1日の学習は，問題形式ごとに解き方のポイントを解説するページと，そこで学んだことを実践する練習問題のページで構成されています。

例題
実際の英検で出題された過去問を使ってポイントを解説します。

ページ下では，2級合格に必須となる重要単熟語を紹介しています。

練習問題のページは，問題のすぐ後に解答・解説を掲載しています。間違えた問題のチェックボックス□にマークをして，きちんと復習しましょう。

20日目（実力完成模擬テスト）

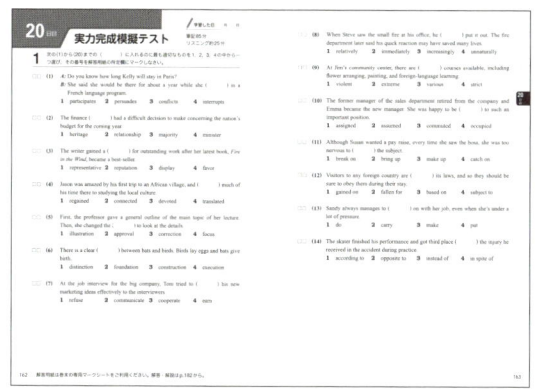

最終日は総まとめの模擬テストです。問題形式・問題数とも実際の英検2級の一次試験と全く同じなので，時間を計って解いてみましょう。解答の際には，巻末の専用マークシートを切り離してご利用ください。

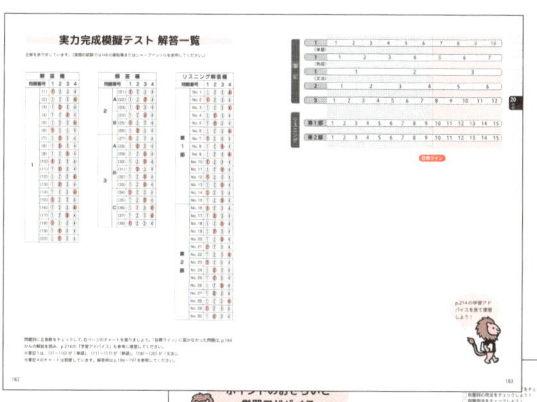

模擬テストを解き終わったら，p.182の解答一覧を見て採点しましょう。右ページのチャートに記入すると，目標ラインの目安と自分の弱点を知ることができます。

p.214の「ポイントのおさらいと学習アドバイス」も参照して，自分の弱点を重点的に復習しましょう。

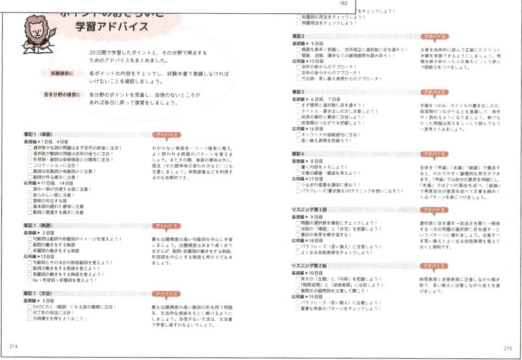

赤セルシートつき
本書には暗記に使える赤セルシートがついています。ポイントとなる重要事項を覚えたり，解説中の訳や解答を隠して学習する際にお使いください。

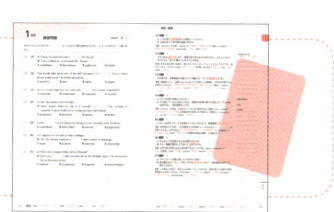

カレンダーに学習予定を書き込もう

	Sun	Mon	Tue	Wed	Thu	Fri	Sat
1st Week							
2nd Week							
3rd Week							
4th Week							

記入例

① 一次試験を受験する日を右ページの「一次試験受験日」の欄に記入しましょう。
② 学習を始める日から8週間分の日付を，1st Week（1週目）から順に書き込みましょう。
③ 受験日までに学習が終えられるように考え，その日に学習する項目を記入しましょう。
④ 学習が終わったら，記録やコメントを残しておくと役に立ちます。

	Sun	Mon	Tue	Wed	Thu	Fri	Sat
5th Week							
6th Week							
7th Week							
8th Week							

一次試験受験日

　　　　月　　　　日

スケジュール作りのコツ

欲張って詰め込まない！

➡ 週末は予備日にするなど，予定通り進まないときでも後から取り戻せるようにしておきましょう。苦手に気付いた分野を復習する日を確保するのも大事です。

模擬テストを有効活用する！

➡ 20日目は本番と同じ形式・分量の模擬テストなので，解くのに合計110分程度かかります。ちゃんと時間を取れる日を選び，本番のつもりで時間を計って解いてみましょう。採点した後は間違えた問題を復習することも忘れずに！

英検®2級一次試験の問題を知ろう

20日間の学習を始める前に,英検2級一次試験(筆記とリスニング)の問題形式と特徴を把握しておきましょう。2級のレベルの目安は「高校卒業程度」です。下の説明とあわせて,実力完成模擬テスト(p.162~)で実際の問題形式を見てみましょう。

筆 記 (85分)

問題	形 式	問題数	目標解答時間
1	**短文の語句空所補充** 短文の空所に文脈に合う適切な語句を補う。毎回ほぼ単語10問,熟語7問,文法3問の内訳で構成されている。	20問	12分

➡ 筆記1の問題を見てみよう 📖 p.162~164

2	**長文の語句空所補充** パッセージ(長文)の空所に文脈に合う適切な語句を補う。科学的・社会的記事が2つ出題される。	6問	18分

➡ 筆記2の問題を見てみよう 📖 p.166~167

3	**長文の内容一致選択** パッセージ(長文)の内容に関する質問に答える。[A](Eメール),[B][C](説明文)の3つの長文が出題される。	12問	35分

➡ 筆記3の問題を見てみよう 📖 p.168~173

4	**英作文** 与えられたTOPICについて,自分の意見と2つの理由を80語~100語の英文でまとめる。	1問	20分

➡ 筆記4の問題を見てみよう 📖 p.174

リスニング（約25分）

問　題	形　式	問題数	放送回数
第1部	**会話の内容一致選択** 会話の内容に関する質問に答える。	15問	1回

➡ リスニング第1部の問題を見てみよう 📖 p.176〜178

問　題	形　式	問題数	放送回数
第2部	**文の内容一致選択** 短いパッセージの内容に関する質問に答える。ある人物に関する話題，アナウンス，社会的・文化的・科学的トピックが出題される。	15問	1回

➡ リスニング第2部の問題を見てみよう 📖 p.179〜181

音声ガイドつき
付属CDのトラック1でも，2級の問題形式を音声で説明しています。あわせて聞いてみてください。

英検®について

英検®は，公益財団法人 日本英語検定協会が実施する国内最大規模の英語検定試験です。

⌘ 申し込み方法

団体受験：学校や塾などで申し込みをする団体受験もあります。詳しくは先生にお尋ねください。
個人受験：下記いずれかの方法でお申し込みください。

インターネット（願書不要）	英検ウェブサイトから直接申し込む。検定料は，クレジットカード，コンビニ，郵便局ATMで支払う。
コンビニ（願書不要）	コンビニの店頭の情報端末に入力し，「申込券」が出力されたら検定料をレジで支払う。
英検特約書店（要願書）	書店で検定料を支払い，「書店払込証書」と「願書」を協会へ郵送。

※申し込み方法については変更になる可能性があります。

⌘ 検定料

1級	準1級	2級	準2級	3級	4級	5級
8,400円	6,900円	5,800円	4,500円	3,200円	2,600円	2,500円

（本会場料金／税込）

⌘ お問い合わせ先

英検サービスセンター　☎03-3266-8311
　　　　　　　　　　　月〜金 9:30-17:00（祝日・年末年始を除く）
英検ウェブサイト　　　www.eiken.or.jp
　　　　　　　　　　　英検ウェブサイトでは，試験についての詳しい情報を見たり，優遇制度や単位認定のある学校の検索をすることができます。

申し込み前に必ず英検ウェブサイトで最新情報を確認しよう！

※本書に掲載されている英検の情報は2016年7月現在のものです。予告なく変更される可能性がありますので，受験の際は実施団体のホームページなどで最新情報をご確認ください。

基礎編

1 日目～10 日目

基礎編にあたる前半10日間では，英検2級一次試験の問題形式を1つずつ正確に把握し，押さえるべき基本のポイントを確認することを目標にします。1日ずつ確実に進め，自分が苦手なところはどこなのかを発見しましょう。

短文の語句空所補充問題を攻略！① （単語）

今日の目標

筆記1の全20問のうち，前半10問は単語の知識を問う問題である。空所に入る語の品詞の内訳は毎回ほぼ名詞4問，動詞4問，形容詞・副詞各1問となっている。品詞ごとに注意すべきポイントを見ていこう。

ポイント1　選択肢が名詞の問題はまず空所の前後に注目！

筆記1では，まず文全体に目を通し，文脈から判断して適切な語を選択する。特に選択肢に並ぶ語の品詞が名詞の問題では，空所が文中でどのような役割を果たしているかをチェックしよう。文中での名詞の役割には「主語」「動詞の目的語・補語」「前置詞の目的語」がある。いずれの役割であるかを空所の前の語，あるいは後ろの語との関係から見極めよう。

例題

Amy wanted a (　　　) that does not use too much gas, so she decided to buy a small car instead of a big one.

1 trial　　　**2** landmark　　　**3** detail　　　**4** vehicle

（2014年度第1回）

解説　空所部分は Amy wanted の目的語であり，また関係代名詞 that の先行詞で，does not use too much gas の主語でもある。so 以下の節で，エイミーは大型車ではなく小型車を買うことにしたとわかる。これらの点から，空所に入るのは vehicle「乗り物」だと判断できる。trial「裁判，試験」，landmark「目印（となるもの），画期的な出来事」，detail「詳細」

訳　エイミーはガソリンを使い過ぎない乗り物がほしかったので，大型車の代わりに小型車を買うことにした。

解答：4

ポイント2　選択肢が動詞の問題は空所の後ろに注目！

選択肢が動詞の問題のチェックポイントは，主語と空所の関係，そして目的語など空所の後ろに続く語との関係である。特に後に続く語からは，「空所に入る動詞が自動詞なのか他動詞なのか」や，「どういった用法で用いられているか」などのヒントを得られる。ただし，受動態の文では本来の目的語が主語になっているので注意しよう（動詞が作る構文については4日目，14日目も参照）。

動詞1　develop ～を開発する　　allow ～を許す　　create (～を) 創造する　　last 続く

例題 Jennifer wanted to start working after high school, but her parents (　　　) her to go to college. They told her that a college education would help her get a good job.

1 wiped　　**2** urged　　**3** renewed　　**4** linked

（2013年度第3回）

解説　文脈のほかに，空所後が〈目的語＋to *do*〉の形になっていることも大きなヒントになる。この用法が可能なのは選択肢の中では urge のみで, urge *O* to *do* で「Oに〜するよう熱心に勧める」という意味。link *O* to「Oを〜と関連付ける」の to は前置詞で，その後ろに続くのは名詞である。wipe「〜を拭く」, renew「〜を更新する」

訳　ジェニファーは高校卒業後に働き始めたかったのだが，両親が彼女に大学に行くことを熱心に勧めた。彼らは，大学教育は彼女が良い職を得る助けになると彼女に言った。

解答：**2**

ポイント3　形容詞・副詞は被修飾語との関係に注目！

形容詞には名詞を修飾する「限定用法」と，補語として主語または目的語の性質を述べる「叙述用法」の2種類がある。また，副詞は動詞を修飾するもののほか，形容詞，副詞，文全体を修飾するものもある。何を修飾しているのかをチェックしよう。

例題 Lydia spent a long time searching for the museum. She (　　　) found it after asking three different people for directions.

1 cruelly　　**2** eventually　　**3** unfortunately　　**4** increasingly

（2015年度第3回）

解説　空所に入る副詞は直後の動詞 found を修飾しており，その found の目的語 it は前文の the museum を指している。博物館を探すのに長い時間がかかり，3人の異なる人に道を聞いた後で見つけることができた，という流れなので, eventually「ついに」が正解。cruelly「残酷に」, unfortunately「不幸にも」, increasingly「ますます」

訳　リディアは博物館を探すのに長い時間を費やした。彼女は3人の異なる人に道を聞いたあと，ついにそれを見つけることができた。

解答：**2**

次のページからは練習問題。ここで学んだことを使って問題を解いてみよう！

long 熱望する　　pay 割に合う　　provide 〜に提供する　　damage 〜に損傷を与える

1日目 練習問題

次の(1)から(14)までの（　）に入れるのに最も適切なものを1, 2, 3, 4の中から一つ選びなさい。

(1) *A:* Please recommend some (　　) for the job.
B: I can confidently recommend Mr. Tanaka.
1 inhabitants　　**2** descendants　　**3** applicants　　**4** infants

(2) You should take good care of the doll because it is (　　). Even a slight knock could cause it to break into pieces.
1 sensitive　　**2** fake　　**3** subtle　　**4** fragile

(3) In our country highways are built and (　　) by a public corporation.
1 measured　　**2** maintained　　**3** contained　　**4** recalled

(4) *A:* Isn't the whale a kind of fish?
B: Many people think so, but it is actually a (　　) that belongs to mammal. It gives birth to live young and has warm blood.
1 proportion　　**2** minority　　**3** species　　**4** habitat

(5) Leslie (　　) to the charity by doing a lot of volunteer work for them.
1 contributed　　**2** subscribed　　**3** assisted　　**4** progressed

(6) *A:* I suppose it's too late to make changes.
B: Yes. We already reached a (　　) after a series of meetings.
1 target　　**2** purpose　　**3** direction　　**4** conclusion

(7) *A:* Who's the woman sitting next to Stewart?
B: Have you (　　) that you met her at his birthday party? He introduced her as his sister-in-law.
1 realized　　**2** recognized　　**3** forgotten　　**4** acknowledged

動詞2　leave ～をそのままにしておく　　book ～を予約する　　point 指さす　　own ～を所有している

解答・解説

(1) 解答 **3**

A: この仕事に**候補者**を何人か推薦してください。
B: 自信を持って田中君を推薦できます。

解説 applicants が正解。applicant は「応募者，志願者」という意味。inhabitant「（家・場所などの）居住者」，descendant「子孫」，infant「幼児」

(2) 解答 **4**

その人形は**壊れやすい**ので，慎重に取り扱わなければならない。ちょっとたたいただけでも，粉々に壊れてしまうことがある。

解説 空所を含む節の主語や，第2文の it は the doll。「ちょっとたたいただけでも，壊れてしまう」のだから fragile「壊れやすい」が正解。sensitive「敏感な」，fake「偽の」，subtle「微妙な」

(3) 解答 **2**

わが国では，幹線道路は公団によって建設され，そして**管理されて**いる。

解説 受動態の文で，主語の highways は built や空所に入る動詞の，本来の目的語である。正解の maintain は「（従来の状態）を保ち続ける，管理する」という意味。measure「（長さ・大きさ・量など）を測る」，contain「（部分として）～を含んでいる」，recall「～を思い出す」

(4) 解答 **3**

A: クジラは魚の仲間じゃないの？
B: そう思っている人は多いけれど，実際はほ乳類に属する**種**なんだ。子どもを出産するし，温血動物なんです。

解説 mammal「ほ乳類」を知らなくてもBの2番目の文から推測したい。species「（生物分類の単位としての）種」は単複同形の名詞なので冠詞は a で問題ない。proportion「割合」，minority「少数派」，habitat「生息地」

(5) 解答 **1**

レズリーはボランティアの仕事をたくさんやることで，慈善事業に**貢献した**。

解説 空所後の to に注目。この前置詞 to の目的語から，contribute to「～に貢献する」が正解とわかる。subscribe to「～を定期購読する，～に会員登録する」。progress to「～まで進歩する」。assist「援助する」は自動詞の場合は通常，to は続かない。

(6) 解答 **4**

A: 今となっては変更するには手遅れだろうね。
B: ええ。協議を重ねた上で出した**結論**ですから。

解説 空所の語が動詞 reach の目的語であることに注目。reach a conclusion で「結論に至る」の意味。target「目標」，purpose「目的」，direction「方向」

(7) 解答 **3**

A: スチュワートの隣に座っている女の人は誰？
B: 彼の誕生日パーティーで会ったのを**忘れちゃった**の？ 彼は義理の妹だって紹介したわよ。

解説 Aが尋ねた女性に，実はAは以前会ったことがわかる。空所に続く that 節の内容を目的語にするのにふさわしいのは forget「～を忘れる」。realize「～を悟る」，recognize「～をそれとわかる」，acknowledge「～を認める」

NOTES

☐ cause O to do （結果的に）Oに～させる

☐ give birth to （子ども）を産む
☐ live 生きている
☐ young （動物の）子ども

---

cost （費用が）～かかる　　protect ～を保護する　　improve ～を改良する　　meet （要求・条件など）を満たす

☐☐ **(8)** They ( ) the surface of the moon for the first time in human history.
   1 explored   **2** achieved   **3** attended   **4** implied

☐☐ **(9)** *A:* Was your proposal ( ) at the class meeting?
   B: No, there were only a few votes in favor.
   1 succeeded   **2** accessed   **3** accepted   **4** gained

☐☐ **(10)** *A:* Our flight has been canceled! Now, we have to take a train to arrive there by the end of the day. Do you think we can get back the money for the flight tickets?
   B: Well, I ( ) the airline company will pay us back.
   1 assume   **2** consult   **3** contract   **4** propose

☐☐ **(11)** The number of ( ) of the accident amounted to two hundred.
   1 participants   **2** victims   **3** residents   **4** experts

☐☐ **(12)** The ( ) of the class trip was changed in response to the students' demands.
   1 negotiation   **2** destination   **3** relaxation   **4** operation

☐☐ **(13)** Alan ( ) rents DVDs from a rental store near his apartment. He almost always stops by it on his way home from work and picks one up to spend for a relaxing evening at home.
   1 frequently   **2** particularly   **3** hardly   **4** permanently

☐☐ **(14)** *A:* Do you have anything that you can use to ( ) yourself?
   B: I have a driver's license.
   1 remember   **2** witness   **3** examine   **4** identify

解答・解説

(8) 解答 **1**

彼らは人類史上初めて，月面を<u>探査した</u>。

解説　空所後の目的語と合う動詞を選ぶ。<u>explore</u> the surface of the moon で「<u>月面を探査する</u>」の意味。achieve「～を達成する」，attend「～に通う」，imply「～をほのめかす」

(9) 解答 **3**

A: 君の提案はクラス会議で<u>通った</u>の？
B: いいえ，賛成はほんの少数だったの。

解説　受動態の文で，主語の your proposal が空所に入る動詞の本来の目的語。accepted を入れ，「（あなたの提案が）受諾された」とする。succeed「成功する，～を継ぐ」，access「（データ）にアクセスする」，gain「～を得る」(= obtain)

(10) 解答 **1**

A: 私たちが乗る便がキャンセルされたわ！　さあ，今日中に到着するには列車に乗らなくちゃならないわ。航空券のお金は取り戻せると思う？
B: ああ，航空会社は<u>当然</u>払い戻しする<u>と思う</u>よ。

解説　空所に入る動詞の目的語となる that 節の内容から，assume「<u>当然～と思う</u>」を選択する。consult「～に相談する」，contract「～と契約を結ぶ」。propose「～を提案する」の場合，目的語の that 節の動詞は原形の do か should do の形になる。

(11) 解答 **2**

その事故による<u>犠牲者</u>の数は200人に上った。

解説　「犠牲者」の意味の victim を入れると victims of the accident「その事故の犠牲者」となる。participant「参加者」，resident「居住者」，expert「専門家」

(12) 解答 **2**

学生の要望に応えて，修学旅行<u>先</u>が変更になった。

解説　空所後の of the class trip から，destination「<u>旅行先</u>」が正解。negotiation「交渉」，relaxation「くつろぎ」，operation「操作，手術」

(13) 解答 **1**

アランは彼のアパートの近くのレンタル店で<u>頻繁に</u>DVDを借りる。彼は仕事から帰る途中ほとんどいつもそこに立ち寄り，自宅でのんびりした夜を過ごすための1本を選んでいく。

解説　空所後の動詞 rents を修飾する副詞を選ぶ問題。第2文の内容から frequently「<u>頻繁に</u>」が正解だとわかる。particularly「特に」，hardly「ほとんど～ない」，permanently「永続的に」

(14) 解答 **4**

A: 何かあなたの<u>身分を証明</u>できるものをお持ちですか。
B: 運転免許証があります。

解説　「（～の身分）を確認する」という意味の identify を選ぶ。remember「～を覚えている」，witness「～を目撃する」，examine「～を精査する」

NOTES

□ amount to
　（総計が）～になる

□ in response to
　～に応じて

□ driver's license
　運転免許証

---

land 着陸する　　offer ～を申し出る　　run ～を経営する　　increase 増加する

2日目

筆記 **1** 2 3 4
リスニング 1 2

短文の語句空所補充問題を攻略！②（熟語）

今日の目標

筆記1の全20問のうち，(11)〜(17)の7問は熟語の知識を問う問題である。熟語とは複数の単語の組み合わせで，慣用的な意味を表すものだが，個々の単語からはその意味を推測するのが難しいものが多い。ここでは，出題されることが多い熟語のパターンを見ていこう。

● ポイント1　句動詞は副詞や前置詞のイメージを覚えよう！

「句動詞」とは〈動詞＋副詞〉または〈動詞（＋副詞）＋前置詞〉によって構成され，全体で1つの動詞のように機能するものを指す。使われている動詞の基本的な訳語からは意味が推測しにくいものが多いが，「動詞の基本的イメージ＋副詞・前置詞のイメージ」の組み合わせでとらえることで，理解が容易になる。

以下のものは句動詞でよく使用される副詞・前置詞のイメージである。

about / around「あちこちに，辺りに」，across「〜を横切って」，over「一面に，越えて，渡して」，through「〜を通り抜けて」，away「離れて」，back「後ろ，後ろへ［から］の動き」，behind「後ろに」，by「〜に近接して」，down「下へ［に］」，up「上へ［に］」，in「〜の中に［で］」，out「〜の外に［で］」，off「〜から離れて」，on「〜に接触して」

こうしたイメージから派生した意味もある。例題・練習問題で確認しよう。

例題　As the battery in Jim's radio died, the music slowly (　　) and eventually could not be heard at all.

1 ran over　　**2** swept up　　**3** turned away　　**4** faded out

（2013年度第2回）

解説　and 以降「ついに全く聞こえなくなった」とあるので，faded out「（徐々に）消えていった」が正解。out は fade「だんだん小さくなる」の後につくことで，「中から外へ」が転じて，ここでは「消えて」の意味となる。run over「（車が）〜をひく」，sweep up「掃き掃除をする」，turn away「顔を背ける」。

訳　ジムのラジオの電池が切れ，音楽はゆっくりと<u>消えていき</u>，ついに全く聞こえなくなった。

解答：4

● ポイント2　副詞の働きをする熟語

文頭・文末で使用されることが多い。句動詞とともに出題頻度が高い。

18　動詞4　produce（製品・農作物など）を作る　　contain 〜を含む　　let (let O do) で O に〜させる　　remove 〜を取り除く

例題

A: Bob, (　　　), Susan is going to go on vacation next week. I want you to do some of her work.

B: Actually, no one told me she was going to be away. But I'm happy to help.

1 all the same　　**2** by all means　　**3** as a rule　　**4** as you know

（2014年度第2回）

解説　Bの応答が，意外性・驚きを表すActually「実際は」で始まり，「誰からも聞いてない」という内容であることからAはBが「知っている」と思って話していることがわかる。as you know「知っての通り」が正解。all the same「やはり，どちらでも構わない」，by all means「何としても」，as a rule「通例」。

訳
A: ボブ，知っての通り，来週スーザンが休暇を取るんです。あなたに彼女の仕事をいくらか引き受けてほしいんです。
B: 実は，彼女が不在にするとは誰からも聞いていないんです。でも喜んでお手伝いしますよ。

解答：4

ポイント3　前置詞の働きをする熟語

2語以上の組み合わせで1つの前置詞のような働きをするものがある。出題頻度はそれほど高くはないが覚えておきたい。

例題　Jodie was chosen for the manager's position on the (　　　) of her excellent public-speaking skills and her years of experience at the company.

1 budget　　**2** crop　　**3** basis　　**4** illusion

（2015年度第3回）

解説　ジョディーはon the basis of her excellent public-speaking skills and her years of experience at the company「彼女の優れた演説技術と長年の会社での経験に基づいて」部長の役職に選ばれたと考えられる。budget「予算」，crop「作物」，illusion「幻想」はon theとofの間に入って熟語を形成しない。

訳　ジョディーは，彼女の優れた演説技術と長年の会社での経験に基づいて部長の役職に選ばれた。

解答：3

次のページからは練習問題。ここで学んだことを使って問題を解いてみよう！

treat　〜を扱う　　attach　〜を付ける　　avoid　〜を避ける　　agree　意見が一致する

2日目 練習問題

目標時間 8 分

次の(1)から(14)までの(　　)に入れるのに最も適切なものを1, 2, 3, 4の中から一つ選びなさい。

☐☐ **(1)** Mr. Kumamoto's car got a flat tire, so he had to (　　) the side of the road to change it.
　　1 keep up with　　**2** pull over to　　**3** take up with　　**4** pass away on

☐☐ **(2)** *A:* This is a good opportunity to introduce you to him.
　　B: He seems busy. You can do it (　　) other time.
　　1 the　　**2** one　　**3** some　　**4** much

☐☐ **(3)** He carried (　　) all of his promises, so everyone respected him.
　　1 out　　**2** away　　**3** off　　**4** on

☐☐ **(4)** We're conducting a poll to find out how many people are in (　　) of nuclear power.
　　1 spite　　**2** case　　**3** accord　　**4** favor

☐☐ **(5)** *A:* Joe's two boys are so smart!
　　B: You mean they don't really take (　　) their father?
　　1 in　　**2** after　　**3** over　　**4** away

☐☐ **(6)** *A:* You turned (　　) his offer, didn't you?
　　B: Yes, I flatly refused.
　　1 down　　**2** over　　**3** off　　**4** out

☐☐ **(7)** John was trying to save money, so he decided to cut (　　) his smoking to five cigarettes a day.
　　1 down　　**2** up　　**3** out　　**4** in

動詞5　contact ～と連絡を取る　　form ～を組織する　　lead（生活・人生）を送る　　prevent ～を妨げる

解答・解説

(1) 解答 **2**

クマモトさんの車がパンクしたので，彼は車を道路脇に<u>寄せ</u>，タイヤを交換しなければならなかった。

解説 <u>pull over (to)</u>「（車を道の脇に）寄せる」が正解。この場合のoverは「脇へ」を表す。keep up with「〜に遅れずについていく」，take up with「〜と仲良くなる」，pass away「去る，なくなる」はonとは熟語を作らない。

(2) 解答 **3**

A: いい機会だから，君を彼に紹介しよう。
B: 彼は忙しそう。<u>次の機会で</u>いいわ。

解説 some other timeで「いつか別のとき」の意味になる。

(3) 解答 **1**

彼は約束をすべて<u>実行した</u>ので，誰もが彼を尊敬した。

解説 <u>carry out</u> all of his promisesで「彼の約束すべてを実行する」の意味。副詞outには終了・完遂の意味がある。carry away「〜を持ち去る」，carry off「〜を奪い去る」，carry on「（〜を）続ける」

(4) 解答 **4**

私たちはどのくらいの人々が原子力発電に<u>賛成して</u>いるかを調べるために，世論調査を実施している。

解説 <u>in favor of</u>は「〜に賛成の［で］，〜に味方して」の意味。in spite of「〜にもかかわらず」，in case of「〜の場合は」。in accord「一致して」に続く前置詞は通常with, about, onなどである。

(5) 解答 **2**

A: ジョーの2人の息子はとても利口だよ。
B: 2人とも父親にはあまり<u>似て</u>いないということ？

解説 <u>take after</u>で「（両親・血縁関係のある人）に似ている」(= resemble)の意味。この場合のafterは「〜にならって」という意味。take in「（人）を泊める」，take over「（事業など）を引き継ぐ」，take away「〜を持ち去る」

(6) 解答 **1**

A: あなたは彼の申し出を<u>断った</u>のね。
B: うん，きっぱり断ったよ。

解説 <u>turn down</u>で「〜を拒絶する，断る」(= refuse)の意味。down「下へ」を否定的な意味に使った句動詞で，日本語の「却下する」に近い。turn over「〜を裏返す」，turn off「（ラジオ・電灯など）を消す，（ガス・水）を止める」，turn out「結局〜であることがわかる，（火・電灯など）を消す」

(7) 解答 **1**

ジョンはお金を貯めようとして，たばこを1日5本までに<u>減らす</u>ことを決心した。

解説 <u>cut down</u>で「（出費・酒など）を減らす，少なくする」。downには「減少して」という意味がある。cut up「細かく切る」，cut out「〜を切り抜く」，cut in「話に割り込む」

NOTES

☐ get a flat tire　（車が）パンクする

☐ smart　頭の良い

---

cover （話題など）を扱う　　recognize 〜を見分ける　　recommend 〜を推薦する　　spread 広がる

(8) Yesterday, while reading a weekly magazine, I came (   ) an interesting article on Japanese politics.
1 along   2 across   3 over   4 with

(9) Japan is almost certain to (   ) in to EU commission demands for more cuts in its vehicle exports.
1 hand   2 give   3 allow   4 fail

(10) *A:* Why did you decide to apply to our company?
B: Because of its future possibilities (   ) all.
1 in   2 above   3 without   4 below

(11) Mr. Smith is in (   ) of the arrangements for the party to be held next month.
1 charge   2 care   3 honor   4 terms

(12) *A:* Hello. May I speak to Mr. Simpson? This is Mike Jones.
B: Hold (   ), please. I'll go and see if he is still in the office.
1 up   2 on   3 off   4 over

(13) Tom is usually a kind, quiet father, but he could not (   ) the laziness of his son, Rick anymore. He strictly told his son to clean his room and finish his homework right away.
1 get rid of   2 look out for   3 put up with   4 take charge of

(14) I'm not opposed to what you're saying. On the (   ), I completely agree with you.
1 others   2 contrary   3 position   4 sense

解答・解説

(8) 解答 **2**

昨日，週刊誌を読んでいると，日本の政治に関する興味深い記事が<u>ふと目に入った</u>。

解説 come across an interesting article で「(偶然に) 興味深い記事を見つける」。across は「～と交差する」が転じて「～に出会う」を表している。come along「同行する，うまくいく」，come over「訪ねてくる」，come with「～が付いている」。

(9) 解答 **2**

日本は，車の輸出をさらに減らすようにというEU調査委員会の要求にほぼ間違いなく<u>折れる</u>だろう。

解説 give in (to) で「(～に) 降参する，屈服する」の意味。hand [give] in「～を提出する，手渡す」，fail in「～に失敗する」。allow in という熟語はない。

(10) 解答 **2**

A: わが社をなぜ志望することにしたのですか。
B: <u>何と言っても</u>将来性です。

解説 above all で「とりわけ，何よりもまず」の意味。

(11) 解答 **1**

スミスさんは来月開催されるパーティーの準備を<u>担当して</u>いる。

解説 in charge of (the arrangements) で「(準備) を担当して，世話して」の意味。in care of「(手紙の宛名)～気付で」，in honor of「～に敬意を表して」，in terms of「～の観点から」。

(12) 解答 **2**

A: もしもし。シンプソンさんをお願いできますか。こちらマイク・ジョーンズです。
B: <u>そのままお待ち</u>ください。彼がまだ事務所にいるか見てきましょう。

解説 副詞の on には「継続」の意味があり，hold on は「(しばしば命令文で) 電話を切らないでおく」の意味。反対の意味の hang up「電話を切る」も併せて覚えておこう。hold up「持ちこたえる」，hold off「(雨・雪などが) 降らずにいる」，hold over「～を先送りする」。

(13) 解答 **3**

トムはいつもはやさしく物静かな父親だが，息子のリックの怠け癖にはもう<u>我慢</u>できなくなった。彼は息子に，今すぐ自分の部屋をきれいにして宿題を終わらせるよう厳しく言いつけた。

解説 第2文の内容から，トムは息子のリックに「我慢をする」(put up with)ことができなかったとわかる。get rid of「～を取り除く」，look out for「～に気を配る」，take charge of「～の管理を引き受ける」。

(14) 解答 **2**

私は君が言っていることに反対していない。<u>それどころか</u>，君に全く賛成である。

解説 on the contrary は「(前に述べられたことを否定して) それどころか，まるで逆で」の意味。

NOTES

□ apply to ～に志願する

---

include ～を含む　　remain ～のままである　　repair ～を修理する　　waste ～を浪費する

3日目

筆記	1	2	3	4
リスニング	1	2		

学習した日　月　日

短文の語句空所補充問題を攻略！③（文法）

今日の目標

筆記1の(18)〜(20)の3問は通常，文法問題である。ここでは特に出題頻度の高い，動詞の形に関連する文法項目を取り上げる。なお，文法は筆記1のみならず，ほかの筆記を解答する際にも重要な土台となる項目なのでしっかり学習しよう。

ポイント1　SVOCのC（補語）になる語の種類に注目！

第5文型の補語(C)には名詞（句）・形容詞（句）のほか，不定詞・現在分詞・過去分詞などが入る。また，使役動詞（let, make, haveなど），知覚動詞（see, hear, feelなど），helpは補語に動詞の原形をとることがある。

例題　Diana had her purse (　　　　) at a restaurant. She put it down on the seat next to her, and someone took it when she was not looking.

1 stolen　　　　**2** steal　　　　**3** to steal　　　　**4** stealing

（2013年度第3回）

解説　have O C の形では，C に動詞の原形が入ると「O に〜させる，してもらう」，現在分詞が入ると「O を〜している状態にする」，過去分詞が入ると「O（物事）を〜される，してもらう」という意味となる。O が her purse「彼女のハンドバッグ」なので，「盗まれた」と判断でき，受け身の意味を持つ過去分詞 stolen を選ぶ。

訳　ダイアナはレストランで自分のハンドバッグを盗まれた。彼女はそれを隣の席に置いたのだが，目を離していた隙に誰かがそれを取ったのだ。

解答：1

ポイント2　完了形の用法に注目！

現在完了は現在における，そして過去完了は過去における，未来完了は未来のある時点における継続・経験・完了を表す。完了進行形は特にその時点まで動詞の動作がずっと継続していたことを強調する。また，過去形の助動詞と完了形を組み合わせることで過去を表したり，不定詞・動名詞・分詞構文で完了形を使用して述語動詞よりも過去であることを表す用法もある。

動詞7　apply 申し込む　　drive 〜を（ある状態）にする　　encourage 〜を励ます　　object 反対する

例題 Richard arrived late to the awards ceremony. The winner of the first award had already (　　　) by the time he found his seat.
1 been announced　　　　2 announced
3 being announced　　　　4 been announcing

（2014年度第1回）

解説 空所前の had already と組み合わせて過去完了の文を作る問題なので，まず being から始まる 3 は除外。主語である The winner が「発表された」とするため，受け身の been announced を選択する。

訳 リチャードは授賞式に遅れて到着した。彼が自分の席を見つけるころまでには，最初の賞の受賞者がすでに発表されていた。

解答：**1**

ポイント3　分詞構文を押さえておこう！

　時・理由・付帯状況などを表す，分詞が導く句を，分詞構文と呼ぶ。文頭もしくは文末に置かれるが，理由を表す分詞構文は通常文頭に置かれる。基本的に分詞の主語は文の動詞と共通だが，It being Sunday, all the public offices were closed.「日曜日だったので，官公庁はすべて閉庁していた。」のように，文と異なる主語が分詞の前に置かれることもある。

例題 When Sam got to his friend Sue's party, there were some people in front of the house. (　　　) out of his car, Sam walked over and introduced himself.
1 To get　　2 Got　　3 Getting　　4 Get

（2014年度第2回）

解説 3 Getting を入れ「車を降り，自己紹介した」と動作の連続を表す分詞構文を作る。分詞の主語は主節の主語の Sam である。To get を入れると，副詞的用法の「車から降りるために」という意味になってしまい，主節と意味的につながらない。

訳 サムが彼の友人スーのパーティーに行くと，家の前に何人かの人がいた。サムは車を降り，歩いていき自己紹介をした。

解答：**3**

次のページからは練習問題。ここで学んだことを使って問題を解いてみよう！

prepare 〜を準備する　　preserve 〜を保存する　　promise （〜を）約束する　　replace 〜を取り換える

3日目 練習問題

次の(1)から(14)までの（　）に入れるのに最も適切なものを1, 2, 3, 4の中から一つ選びなさい。

□□ **(1)** (　　　) the entrance examination last year, he decided to take it again this year.
1 Failing　　**2** Had failed　　**3** Having failed　　**4** Being failed

□□ **(2)** It took me more time than I (　　　) to make a final version of my thesis.
1 was expected　　　　　　**2** been expecting
3 had expected　　　　　　**4** have been expecting

□□ **(3)** It is not easy to make oneself (　　　) in a foreign language.
1 to understand　　**2** understood　　**3** understanding　　**4** understand

□□ **(4)** (　　　) in the fog, we were forced to spend two hours in the forest.
1 Lost　　**2** Had lost　　**3** Been lost　　**4** Losing

□□ **(5)** *A:* I should (　　　) to what you said.
B: It's too late for regrets now.
1 be listening　　**2** listen　　**3** have listening　　**4** have listened

□□ **(6)** They will start work when the report (　　　) by the committee.
1 will have prepared　　　　**2** has been prepared
3 will be preparing　　　　**4** has had prepared

□□ **(7)** *A:* Have you seen Jennifer around?
B: Have you checked the library? I saw her (　　　) there a few minutes ago.
1 studied　　**2** to study　　**3** studying　　**4** having studied

解答・解説

(1) 解答 3

彼は昨年，入学試験に**失敗したが**，今年も再び受けることにした。

解説 分詞構文の部分（last year, まで）はカンマ以降（this year. まで）よりも前のこととなる。文の述語動詞よりも前の時間であることを示すため, 完了形分詞構文〈Having ＋過去分詞〉の形にする。

❗ **ポイント** 分詞構文と完了形の組み合わせ

(2) 解答 3

論文の最終版を作成するのに**思った**よりも時間がかかった。

解説 「思ったよりも～（だった）」は〈比較級＋than one (had) expected〉の形。ここでは主節が過去なので，空所は had expected となる。

❗ **ポイント** 過去完了形：過去のある時点より前の過去

(3) 解答 2

外国語で自分の言うことを**理解して**もらうのは，たやすいことではない。

解説 make O C の形で，C に過去分詞を入れると，O が C の動作を受けた（〜された）という意味になる。〈make oneself understood in ＋（言語）〉は「（〜語）で理解してもらう」を表す。

❗ **ポイント** SVOC をとる使役動詞：make

(4) 解答 1

霧の中で**道に迷って**，私たちは森の中で2時間過ごす羽目になった。

解説 be lost「道に迷う」の分詞構文を作ると Being lost 〜となるところだが，Being はふつう省略される。

❗ **ポイント** 分詞構文の being の省略

(5) 解答 4

A: 君の言うことを**聞いておけば**よかったよ。
B: 今さら後悔しても遅いわよ。

解説 〈should have ＋過去分詞〉は「〜すべきであった（のにしなかった）」と過去の事実に対する遺憾の気持ちを表す。

❗ **ポイント** 助動詞と完了形の組み合わせ

(6) 解答 2

委員会によって報告書が**作成され**れば，彼らは仕事を開始するでしょう。

解説 未来の一定時における完了は本来〈will have ＋過去分詞〉の未来完了形で表すところだが，ここでは時を表す when の作る副詞節の中なので，will を使わない。主語が the report なので，受動態の has been prepared が正解。

❗ **ポイント** 時を表す副詞節の中の時制＋受動態

(7) 解答 3

A: この辺りでジェニファーを見かけなかった？
B: 図書館は確かめた？ ついさっきそこで**勉強をしている**のを見たよ。

解説 see は知覚動詞。see O doing で「O が〜しているところを見る」。

❗ **ポイント** SVOC をとる知覚動詞：see

NOTES

☐ thesis 論文

---

cure 〜を治癒させる　discuss 〜について議論する　explore （〜を）探検する　identify 〜を特定する

☐☐ **(8)** By the end of this month, Mr. Saito (　　　) for the company for 20 years.
　　　1 was working　　　　　　**2** has been worked
　　　3 will have been working　**4** should be working

☐☐ **(9)** *A:* I'm surprised a music lover like you has never enjoyed live music.
　　　B: My father was such a strict person that he would never let me (　　　) out in the evening.
　　　1 go　　　**2** to go　　　**3** going　　　**4** gone

☐☐ **(10)** He knew the place well, because he (　　　) there several times.
　　　1 has been　　　　　**2** had been
　　　3 was going　　　　**4** could have been

☐☐ **(11)** John was playing a video game when his mother came into his room (　　　) a cup of tea on a tray.
　　　1 to carry　　**2** carrying　　**3** carried　　**4** having carried

☐☐ **(12)** I heard my name (　　　) from behind me. I turned to see a short, thin woman extending her hand, saying she was from the head office.
　　　1 call　　**2** calling　　**3** being called　　**4** having called

☐☐ **(13)** He (　　　) for the train for an hour when it came.
　　　1 has waited　　　　**2** would be waited
　　　3 had been waited　**4** had been waiting

☐☐ **(14)** Frankly (　　　), I think you should apologize to Judy first.
　　　1 speaking　　**2** spoken　　**3** saying　　**4** said

解答・解説

(8) 解答 **3**

今月末でサイトウさんは，その会社で20年間**働き続けた**ことになる。

解説 未来の一定時（ここでは「今月末」）までの動作の継続は，未来完了進行形 will have been *doing* で表す。

> ⚠ ポイント　未来完了進行形：未来のある時点までの継続

(9) 解答 **1**

A: 君のように音楽が大好きな人が，ライブ演奏を楽しんだことがないとは，驚きだね。
B: 父はとても厳しい人で，夜は**外出**させてくれなかったんです。

解説 let は使役動詞で，let *O do* の形で「Oに（やりたがっていること）をさせてやる」という意味になる。

> ⚠ ポイント　SVOCをとる使役動詞：let

(10) 解答 **2**

彼はその場所をよく知っていた。なぜなら彼はそこに何回か**行ったことがあった**からである。

解説 過去の一定時までにおける経験は，〈had＋過去分詞〉の過去完了形で表す。

> ⚠ ポイント　完了形：過去のある時点までの経験

(11) 解答 **2**

母親がお盆に1杯の紅茶**を運んで**部屋に入って来たとき，ジョンはテレビゲームをやっていた。

解説 文の動詞が表すことと同時に別のことが起こっているという付帯状況「〜しながら」を表す分詞構文。分詞構文の中でも使用頻度の高い用法だ。

> ⚠ ポイント　分詞構文：付帯状況

(12) 解答 **3**

背後から自分の名前を**呼ぶ**声が聞こえた。振り返ると，背が低くやせた女性が手を差し伸べ，本社から来た者だと言った。

解説 hear *O doing*「Oが〜しているのを聞く」という知覚動詞の用法。目的語 my name と call の関係は「名前が呼ばれている」という受動の進行だと考え，being called を選択する。

> ⚠ ポイント　SVOCをとる知覚動詞：hear

(13) 解答 **4**

電車が来たときには，彼は1時間も**待っていた**。

解説 「（〜のときは）ずっと…していた」の意味の過去の一定時までにおける動作の継続は，過去完了進行形〈had been＋現在分詞〉で表す。

> ⚠ ポイント　完了進行形：過去のある時点までの継続

(14) 解答 **1**

率直に**言って**，まずあなたがジュディに謝るべきだと思う。

解説 frankly speaking は「**率直に言えば**」を表す，分詞構文の慣用句。熟語としてこのまま覚えてしまうのがよい。

> ⚠ ポイント　熟語的な分詞構文：frankly speaking

（ほかに generally speaking「一般的に言えば」，strictly speaking「厳密に言えば」も重要。）

---

add 〜を加える　　aim 〜の狙いを定める　　breed 〜を飼育する　　charge （税金など）を課す

短文の語句空所補充問題を攻略！④（語法）

今日の目標

「単語」「熟語」「文法」の陰に隠れて見落とされがちなポイントが「語法」である。語法とは「それぞれの語の使い方のルール」のこと。文法・熟語に近い項目もあるが，覚えておきたい語については特別にまとめておこう。筆記1全体を通じて解答のヒントになりうる語法を押さえて，正解率のアップを目指そう。

ポイント1　コロケーションに注目！

　コロケーションとは，単語と単語の組み合わせのうち，独特な意味を生む熟語とまでは言えないものの，よく使われ，自然なつながりであるものを指す。この組み合わせは，日本語の訳語からは判断しにくいものも多く，セットで覚えてしまうのがよい。

例題　In emergency situations, police cars have (　　　) over regular vehicles on the road. You have to move your car to the side of the road and let them pass.

1 signature　　　**2** scale　　　**3** priority　　　**4** evidence

（2013年度第3回）

解説　priority「優先（権）」は，目的語として have, take, get, give などの動詞と組み合わされ，ここで続いている前置詞 over は「～よりも」の意味。signature「署名」，scale「規模」，evidence「証拠」。

訳　非常事態の場合，道路では警察車両は一般の車両に優先する。自分の車を道端に寄せ，警察車両を通過させなければならない。

解答：3

ポイント2　動詞は自動詞か他動詞かに注意！

　どの品詞の語でも，その意味（訳語）とともに語法をチェックすることが必須だが，中でも動詞は特にさまざまな語法を持ち，語法によって意味の変わるものが多く，注意が必要である。問題を解くときに最初に確認すべきなのは，正解になるべき動詞が自動詞か他動詞かという点だ。自動詞は目的語をとらず主語が何をするのかを表し，他動詞は主語が目的語に対して何をするのかを表す。文型で区別すると，第1・第2文型をとるのが自動詞，第3・第4・第5文型をとるのが他動詞である。自動詞の場合は補語をとっているかどうか，どのような前置詞が続いているのか，他動詞であればどのような目的語をとっているのか（名詞・that節・不定詞・動名詞など）に注意しよう。

動詞10　feed ～に食べ物を与える　　flood ～を水浸しにする　　judge （～を）審査する　　prefer ～の方を好む

例題 After being questioned for a long time by the police, the man (　　　) to having robbed the jewelry store.

1 confessed　　2 registered　　3 supposed　　4 repaired

(2014年度第2回)

解説 空所の後ろに前置詞 to がきており，空所に入るのは自動詞だとわかる。suppose「〜と思う」，repair「〜を修理する」は他動詞なので除外できる。register「（〜を）登録する」は自動詞の用法もあるが，続く前置詞は通常 for, with, at などだ。confessed to「〜を告白した」が正解。文脈のほかに文法的知識も助けになるタイプの問題。

訳 警察による長時間に及ぶ尋問を受け，男は宝石店を襲撃したことを<u>白状した</u>。

解答：**1**

ポイント3　動詞が作る構文に注意！

自動詞・他動詞の区別と文型に加えて，それぞれの動詞が作る構文とその表す意味を覚えておくと，さらに正解率を高めることができる。

例題
A: Mr. Lee, how do you distinguish male turtles (　　　) female turtles?
B: There are a number of ways to do that, William, but one is to look at the turtle's tail. Males usually have longer tails than females do.

1 to　　2 from　　3 by　　4 out

(2014年度第2回)

解説 空所前の動詞 distinguish が作る構文がポイントで，distinguish *A* from *B*「AをBと見分ける」の形が正解。辞書などで調べる際も，意味の和訳だけでなく，どのような語が続くか，どのような構文を作るかにも注目したい。

訳 *A:* リー先生，オスのカメ<u>と</u>メスのカメ<u>は</u>どのようにして<u>見分ける</u>のですか。
B: いろいろやり方はあるんだが，ウィリアム，その1つのやり方はカメの尾を見ることだ。通常，オスはメスよりも尻尾が長いんだ。

解答：**2**

次のページからは練習問題。ここで学んだことを使って問題を解いてみよう！

scan　〜をスキャンする　　suffer　患う　　affect　〜に影響を及ぼす　　argue　（〜を）議論する

4日目 練習問題

目標時間 8 分

次の(1)から(14)までの（　）に入れるのに最も適切なものを1, 2, 3, 4の中から一つ選びなさい。

(1) Foreigners (　　) for a third of the students in this university.
1 apply　　2 account　　3 compose　　4 enter

(2) This song (　　) me of the happy days I spent in the States.
1 remembers　　2 reminds　　3 recalls　　4 memorizes

(3) Professor Jackson is a good teacher because he is able to (　　) mathematics to the students' everyday lives.
1 suppose　　2 vary　　3 prohibit　　4 relate

(4) *A:* So, how is my son doing at math? I know it's his weak point.
B: Well, Mrs. Jones, he's making (　　) progress. He's getting a little better each month.
1 steady　　2 chilly　　3 absent　　4 harmful

(5) *A:* How was the concert?
B: It was (　　) better than I had imagined.
1 very　　2 more　　3 far　　4 as

(6) *A:* Japanese people live in relatively smaller houses.
B: That's because we have little land with a (　　) population.
1 many　　2 large　　3 lot of　　4 much

(7) *A:* I'd like to reserve a double room facing south.
B: Very good, sir. We'll certainly (　　) you with a bright, airy room.
1 provide　　2 connect　　3 fill　　4 concern

32　動詞11　complain 不平を言う　criticize 〜を非難する　delay 〜を延期する　deliver 〜を配達する

解答・解説

(1) 解答 **2**

外国人学生が，この大学では3分の1を<u>占める</u>。

解説　空所後のforとの組み合わせを考える。account for a third of ...「（学生の）3分の1を占める」。apply for「〜に申し込む」やapply to「〜に当てはまる」も押さえておきたい。compose「（物を）構成する」はbe composed of「〜から成り立つ」という受動態の形がよく使われる。enter「〜に入る」

(2) 解答 **2**

この歌を聴くと，アメリカで過ごした楽しい日々を<u>思い出す</u>。

解説　remind A（人）of B で「A（人）にBを思い出させる」の意味になる。remember「〜を思い出す」，recall「〜を思い出す」，memorize「〜を暗記する」はこの形をとらない。

(3) 解答 **4**

ジャクソン教授は良い教師だ。というのも，教授は数学を学生の日常生活と<u>関連付ける</u>ことができるからである。

解説　relate A to B「AをBと関連付ける，結び付ける」。〈動詞＋A＋to＋B〉の形であることを見抜こう。suppose「〜と思う，仮定する」，vary「〜を変える」，prohibit「〜を禁じる」

(4) 解答 **1**

A: それで，息子は数学ではどうなんでしょうか。あの子の苦手科目だということは知っていますが。
B: いや，ジョーンズさん，<u>着実に</u>進歩していますよ。毎月少しずつ良くなっていますから。

解説　空所後の被修飾語の名詞progress「進歩，上達」との組み合わせや，その後の文の内容からsteady「着実な，規則的な，絶え間ない」だと判断する。chilly「ひんやりする」，absent「不在の」，harmful「有害な」

(5) 解答 **3**

A: コンサートはどうだった？
B: 僕が想像していたよりも<u>ずっと</u>よかったよ。

解説　比較級の形容詞・副詞を修飾できる副詞はfar / still / even / muchなどに限られる。

(6) 解答 **2**

A: 日本人は割と小さい家に住んでいるわね。
B: 土地が狭くて人口が<u>多い</u>からね。

解説　「多い人口」はa large populationと表し，many populations / much populationは誤り。反対に「少ない人口」はa small populationと表し，a few populationsは誤り。

(7) 解答 **1**

A: 南向きのダブルルームを1部屋予約したいのですが。
B: かしこまりました，お客様。日当たりと風通しの良い部屋を確かに<u>ご用意します</u>。

解説　provide A with B (= provide B for A) で「AにBを供給する」の意味。connect A with B「AをBと結ぶ」，fill A with B「AをBで満たす」，concern oneself with「〜に関係する，〜を心配する」

NOTES

4日目

□ relatively　比較的

□ facing south　南に面した

筆記1

demand　〜を強く要求する　　face　〜に直面する　　gain　〜を得る　　ignore　〜を無視する

(8) Human beings ( ) many physical features with monkeys.
   1 discuss **2** resemble **3** share **4** offer

(9) Her father will never ( ) of her marrying such a snobbish man.
   1 admit **2** allow **3** approve **4** forgive

(10) *A:* Did you know that Takeshi has decided to go back to Japan next month?
   B: Really? I just saw him yesterday but he didn't ( ) it at all.
   1 tell **2** talk **3** refer **4** mention

(11) If this fog doesn't clear, we might ( ) in the mountains.
   1 lose **2** get lost **3** have lost **4** be losing

(12) *A:* We didn't understand each other very well, did we?
   B: No. I hope we can avoid ( ) each other in the future.
   1 misunderstand **2** to misunderstand
   3 misunderstanding **4** misunderstood

(13) *A:* I didn't know you were still single.
   B: The carefree single life ( ) with me.
   1 suits **2** becomes **3** meets **4** agrees

(14) Even though Jane is nearly thirty years old, she is often ( ) for a high school student.
   1 taken **2** seen **3** caught **4** thought

解答・解説

(8) 解答 **3**

人間は猿と<u>同じ</u>肉体的特徴<u>を</u>多く<u>持っている</u>。

解説 share A with B「AをBと共有する，分かち合う」が正解。discuss A with B「AについてBと議論する」。resemble「〜に似ている」，offer「〜を申し出る」

(9) 解答 **3**

彼女のお父さんは，彼女がそんな俗物と結婚するのを決して<u>認め</u>ないだろう。

解説 空所後のofから正解は自動詞だとわかる。approveはofを伴って「〜に賛成する，〜を良いと認める」を表す。admit of「〜の可能性を認める」，allow of「〜を許容する」，forgive「許す」はofを伴う用法はない。

(10) 解答 **4**

A: タケシが来月日本に戻ることを決めたって，知ってた？
B: 本当？ ちょうど昨日彼に会ったんだけど，彼はそのことには全く<u>触れ</u>なかったよ。

解説 空所後に目的語のitがあり，正解は他動詞だとわかり，mention「〜に言及する」が正解。同様の意味は，talk, referはそれぞれtalk about「〜について話す」，refer to「〜について言及する」と自動詞の用法で表す。tellはいろいろな用法があるが「<u>人に伝える</u>」のが基本的な意味で，「(人)に」が通常入る。

(11) 解答 **2**

もしこの霧が晴れなければ，私たちは山の中で<u>道に迷う</u>かもしれない。

解説 日本語では能動態のような表現でも，英語では受動態で表現するものがある。「<u>(場所で)迷う</u>」はget [be] lost (in 〜)と言う。

(12) 解答 **3**

A: 僕たちはお互いに，あまりよく理解し合っていなかったね。
B: そうね。今後は<u>誤解</u>のないようにしたいものだわ。

解説 avoidは目的語に動名詞をとって「〜することを避ける」の意味になる。

(13) 解答 **4**

A: まだ独身だとは知らなかったわ。
B: 一人住まいの気楽な生活が<u>性に合っている</u>んだよ。

解説 agree with は「<u>(人)に賛成する</u>」という意味のほかに，「<u>(食物・気候などが人の性)に合う</u>」の意味で用いられる。なお，suit「〜に合う」，become「〜に似合う」は他動詞なので，後ろに前置詞は不要である。

(14) 解答 **1**

ジェーンは30歳近いが，よく高校生と<u>間違われる</u>。

解説 問題文は受動態だが，能動態に置き換えると，〈動詞＋A for B〉の形であることがわかる。選択肢の中でこの形をとるものはtakeで，take A for B「AをBとみなす，間違える」である。

NOTES

☐ snobbish　俗物の

---

realize　〜を悟る　　afford　〜の余裕がある　　exist　生存する　　fix　〜を修理する

5日目

筆記 1 **2** 3 4
リスニング 1 2

長文の語句空所補充問題を攻略！①

今日の目標

筆記2ではそれぞれ250〜300語程度の長文［A］［B］に対して，それぞれ3問の空所補充の設問が与えられる。文章が長いため時間配分が大切。筆記試験全体の問題量を考えると1つの長文につき9分以内で解答したい。まずは限られた時間内で長文の概要を把握し，正解のヒントとなる部分を見つけ出すポイントをチェックしよう。

ポイント1　概要を素早く把握し，空所周辺と選択肢に目を通そう！

　長文の最初から最後まで，一語一句丁寧に意味を取っていこうとすると，時間が余分にかかってしまい，時間切れになって問題をすべて解答することができなくなってしまうこともままある。まずはタイトルや書き出しの文，各段落のトピックセンテンス（通常は段落の最初の文。その段落の主な論点を表すことが多い）に着目して，全体の要旨を素早く押さえよう。
　次に，空所に入れる語句の選択だが，空所の前後にそのヒントがあることが多い。選択肢と同時に空所の周辺に目を通して，可能性を絞り込もう（より具体的な着目ポイントは15日目の解説を参照）。

ポイント2　順接，逆接，譲歩などの論理展開を読み取ろう！

　therefore「それゆえに」やhowever「しかしながら」のような副詞，but「しかし」やeven if「たとえ〜でも」のような接続詞（句）は，文章の論理展開を読み取る上で重要な語句だ。文章全体の大意や，空所前後の文脈を把握するのに利用しよう。また，こうした語句を直接問う問題も頻出である。論理展開を表す語句の知識も増やしておこう。

動詞13　mention 〜に言及する　　oppose 〜に反対する　　overcome（困難など）に打ち勝つ　　persuade 〜を説得する

> 例題

Music to My Ears

　Music plays an important role in people's lives around the world. Singing, as it does not require any special tools or instruments, is a particularly popular way for people to enjoy music. Although many people sing for fun, few people know that singing actually (　　1　　). From helping people fight diseases to reducing stress, singing can make people's lives better.

　Singing can also be seen as a type of exercise. When people sing, their bodies use a number of important muscles. It also helps people improve their breathing and strengthens both their lungs and hearts in the same way as aerobic exercise such as jogging. (　　2　　), some experts say that singing can actually be a good alternative to exercise for elderly people who need to improve their weak lungs and hearts. Furthermore, singing increases the chemicals in the body that make people feel good, which can help reduce anxiety and depression.

(1) **1** improves memory　　　　　　**2** leads to heart disease
　　3 has many health benefits　　**4** causes a number of problems
(2) **1** In fact　　　　　　**2** At last
　　3 Unfortunately　　**4** Traditionally

（2016 年度第 1 回より一部抜粋）

> 解説

まずタイトルを見て内容の見当を付け，第 1 文から今後の展開を予測する。
(1) の空所前には，few people know that ...「…ということを知っている人はほとんどいない」とあり，直後の文には健康上の利点が述べられているので，**3**「健康に良い効果がたくさんある」を選ぶ。**1**「記憶力を向上させる」，**2**「心臓病の原因となる」，**4**「多くの問題を引き起こす」
(2) の前文で，歌うことは有酸素運動と同じ効果があるとあり，空所を含む文では専門家の意見として歌は運動に代わる良いものになりうると述べられているので，接続表現として **1**「実際」がふさわしい。**2**「ついに」，**3**「残念ながら」，**4**「伝統的に」

解答：(1) **3**　(2) **1**

> 訳

心地良い音楽

音楽は世界中で人々の生活において重要な役割を果たしている。歌うことは特別な道具や楽器を必要としないので，人々が音楽を楽しむのに特に親しまれている方法である。多くの人は楽しみのために歌うが，歌うことが実際，健康に良い効果がたくさんあるということを知っている人はほとんどいない。人々が病気と闘うのを手助けすることからストレスを減らすことまで，歌うことは人々の生活をより良くすることができる。
歌うことは運動の一種としても見られる。人々が歌うとき，体は多くの重要な筋肉を使う。それはまた，ジョギングのような有酸素運動と同じように，呼吸を改善したり肺と心臓の両方を強化する手助けもしてくれる。実際，専門家の中には，衰えた心肺機能を高める必要のある高齢者にとって歌は本当に運動に代わる良いものとなりうると言う者もいる。さらに，歌うことは気分が良いと感じさせる体内の化学物質を増加させ，それは不安や抑うつ状態を減らす助けとなりうる。

次のページからは練習問題。ここで学んだことを使って問題を解いてみよう！

publish　〜を発表する　　raise　（子ども）を育てる　　serve　（〜に）食事を出す　　share　〜を共有する

5日目 練習問題

次の英文[A], [B]を読み、その文意にそって(1)から(6)までの(   )に入れるのに最も適切なものを1, 2, 3, 4の中から一つ選びなさい。

[A] Charities during Recession

When an economy is in serious trouble for an extended period, this is called a recession. At such times, large numbers of poor people face problems such as hunger or homelessness. Although charities try to help, their own financial resources also usually (1). That is because donations and other forms of public support for them become smaller as ordinary Americans cannot give as much. Although about a third of Americans regularly donate to domestic or international charities, this figure falls dramatically during times of economic trouble. Charities may then turn to state or federal governments for help, but those governments are also limited in what they can do. Governments collect less tax from taxpayers and so have smaller budgets themselves.

One of the most recent recessions was especially hard on charities, since the costs of many necessities rose. Food prices increased, (2), so charities could not purchase as much food to hand out in their shelters. Gasoline prices also rose, which made it harder for charities to transport beds, clothing, and other such items to centers helping the poor or homeless. Because their operating expenses were increasing and their income from donations was decreasing, charities could not help as much as they wanted. Therefore, in major urban areas, millions of Americans suffered because of the financial problems facing charitable organizations.

Some activists believe, however, that even if Americans are unable to donate funds, donating time or services to charities could be of great help. Volunteering to paint homes of the elderly or cook food in homeless shelters are two ways people can help others without using cash. Other activists believe that wealthy people should donate more during recessions. They say this would (3) in donations among working- and middle-class citizens at such times.

(1) 1 get much stronger 2 become sufficient
    3 remain the same   4 become much more restricted

(2) 1 for instance   2 as usual
    3 by chance   4 nevertheless

(3) 1 lead to a huge boost   2 put an end to the risk
    3 make up for the decline   4 get rid of the hesitation

解答・解説

不況時の慈善事業

　経済が長期間，大変困難な状態にあるとき，これを不況と呼ぶ。そのようなときには，多くの貧しい人々が，飢餓またはホームレスといった問題に直面する。慈善団体が援助を試みるものの，たいてい彼ら自身の財源も**はるかに制限される**。これは，普通のアメリカ人がこれまでと同じ金額を与えることができなくなるため，寄付やそのほかの形式の市民の支援が小さくなるからである。アメリカ人のおよそ3分の1が定期的に国内の，もしくは国際的な慈善団体に寄付をしているが，この数字は経済的に困難な時期には劇的に減少する。そうなれば，慈善団体は州政府もしくは連邦政府に援助を求めるだろうが，その政府もまた，できることに限りがある。政府が納税者から徴収する税が少なくなっているので，政府自体の予算が縮小しているのだ。

　最近の不況の1つでは多くの必需品のコストが上がったため，慈善団体にとっては特に大変だった。**例えば**食料品の価格が上昇したので，慈善団体は自分たちの避難所で食糧を渡すのに，これまでと同じ量を購入することができなかった。ガソリン価格も上がったため，慈善団体がベッドや衣類，そのほかの品目を，貧しい人々やホームレスを援助しているセンターへ輸送することが一層困難になった。運営費が増加し，寄付による収入は減少していたので，慈善団体は彼らが望むだけの援助をすることができなかった。従って，主要な都市部では，慈善団体が直面している財政的な問題のため，何百万ものアメリカ人が苦しんだ。

　しかし，たとえアメリカ人が資金を寄付することができないとしても，時間や奉仕作業を慈善団体に捧げることで大きな助けになりうると考える活動家もいる。ボランティアで高齢者の家のペンキ塗りをしたり，ホームレスの避難所で料理をしたりすることは，現金を使わずに人を助ける2つの方法である。不況の間は，裕福な人々がより多くの寄付をすべきだと考えている活動家もいる。それがこのような時期の労働者階級と中流階級の市民の寄付の**減少を埋め合わせる**と，彼らは言う。

(1) 解答 **4**
解説　空所を含む文の前半の節が接続詞Although「～にもかかわらず」で始まっているので，その論理展開に合うbecome much more restricted「はるかに制限される」を選択する。空所後のThat is because ...の理由づけもヒントになる。
　1「はるかに強くなる」
　2「十分になる」
　3「同じままである」

(2) 解答 **1**
解説　前文に「多くの必需品のコストが上がった」とあり，空所を含む文では「食料品の価格が上昇した」と具体例が述べられているので，接続表現として for instance「例えば」が適切。
　2「いつものように」
　3「偶然に」
　4「それにもかかわらず」

(3) 解答 **3**
解説　空所の前のthisは前文の「裕福な人々がより多くの寄付をする」ことを指しており，それがmake up for the decline (in donations)「(寄付の)減少を埋め合わせる」と考える。
　1「大幅な増加につながる」
　2「リスクに終止符を打つ」
　4「ためらいを取り除く」

NOTES
- recession　不況
- federal government　連邦政府
- charitable　慈善の
- working-class　労働者階級の
- middle-class　中流階級の

bump　どすんとぶつかる　　care　気にかける　　complete　～を仕上げる　　concentrate　(～を)集中する

[B] Culture and Personal Space

Unless humans have electronic audio equipment such as microphones to make their voices louder, they must stand fairly close to one another to communicate: effective voice communication ranges from 0 to 1.2 meters. Within this short distance, however, there are (4) based on culture. In some cultures, people stand closer and in others they stand farther apart while talking.

Westerners such as Americans or Germans generally only allow close friends or family to come within 0.9 meters of them. If a stranger moves into this personal space, they will usually back away to reestablish this distance. In other cultures, though, such as Saudi Arabia's or India's, it is not uncommon for strangers to communicate within 0.7 meters. In many non-Western cultures, standing close means people trust each other, whereas standing at some distance indicates dislike.

Therefore if a person, while in these countries, backs away from communication at close range, this can cause problems. It may cause trouble not only as far as business relations go, but also personally. If you back away from a Saudi in a conversation, he may be deeply offended. However, (5) the personal space of a Westerner may be thought threatening.

With these varying concepts of personal space, in some Western-Saudi business talks, the Westerner continually moves away and the Saudi continually moves forward to reestablish physical closeness. Ultimately, they may find carrying on business under such conditions impossible.

Problems emerge from these cultural differences because many people are unaware of the differing concepts of personal space around the world. (6), business or political negotiators may find their work goes more smoothly when they learn at least the basics about the personal space concepts of other cultures.

□□ (4) 　1 still very important differences 　　2 few significant relationships
　　　　　3 rooms for further improvement 　　4 often apparent similarities

□□ (5) 　1 a man not invading 　　　　　　　2 an acquaintance understanding
　　　　　3 a person making use of 　　　　　4 a stranger moving into

□□ (6) 　1 In particular 　　　　　　　　　　2 In turn
　　　　　3 On purpose 　　　　　　　　　　　4 At random

解答・解説

文化と個人空間

　マイクのような声を大きくする電子音響機器がない限り，人間はお互いにやりとりをするのに，かなり近くに立っていなければならない。声による効果的なコミュニケーションのための距離は，0〜1.2メートルの間である。しかしこの短い距離の範囲内でも**まだ，非常に重要な**，文化に基づいた**違い**があるのだ。人々が会話中に，より近くに立つ文化もあれば，より遠くに離れて立つ文化もある。

　アメリカ人やドイツ人のような欧米人は，一般に親友または家族にだけ，自分の0.9メートル以内に来ることを許容する。知らない人がこの個人空間に入り込むと，この距離を回復するために，彼らはたいてい後ずさりする。しかし，サウジアラビアやインドのようなほかの文化においては，知らない人が0.7メートル以内でやりとりすることは珍しいことではない。多くの非欧米文化において，近くに立つことは人々が互いを信頼していることを意味し，いくらか距離を置いて立つことは嫌悪を表す。

　従って，これらの国々で近距離でのコミュニケーションから後ずさりすると，このことで問題が起きかねない。それはビジネス関係に限らず，個人的にもトラブルを引き起こすことがある。あなたがもし会話中にサウジアラビア人から後ずさりすれば，彼はひどく気分を害するかもしれない。しかし，**知らない人が**欧米人の個人空間**に入り込めば**，その者は威嚇していると思われるかもしれないのだ。

　このように個人空間の概念が多様なため，欧米人とサウジアラビア人との商談において，欧米人は絶えず離れようとし，そしてサウジアラビア人は身体的な親密さを取り戻すために絶えず前進するといったことが起こる。結局，彼らはそのような状態でビジネスを続行するのは不可能だと思うだろう。

　こうした文化的な違いから問題が生じるのは，世界中で個人空間の概念が異なっていることを，多くの人々が知らないからである。**特に**ビジネス上または政治上の交渉を行う者は，少なくとも他文化の個人空間の概念の基本を知れば，彼らの仕事がよりスムーズに進むことに気付くだろう。

---

(4) 解答 **1**

解説　空所を含む文には「短い距離の範囲内で」とあり，逆接のhoweverがあるので，(there are) still very important differences「**まだ，非常に重要な違い**がある」と続ける。
　2「重要な違いがほとんどない」
　3「さらなる改善の余地がある」
　4「しばしば明らかな類似性がある」

(5) 解答 **4**

解説　欧米人は親友や家族にだけ個人空間に入ることを許容するという前段落の内容から，a stranger moving into (the personal space)「(個人空間)**に入り込む知らない人**」を選べば，空所後の「威嚇していると思われるかもしれない」につながる。
　1「〜に侵入しない人」　2「〜を理解する知人」　3「〜を利用する人」

(6) 解答 **1**

解説　前文に「こうした文化的な違いから問題が生じる」とあり，空所後では「ビジネス上または政治上の交渉を行う者は，他文化の個人空間の概念の基本を知れば…」と具体的に述べているので，In particular「**特に**」を入れるとうまくつながる。
　2「順番に」
　3「故意に」
　4「無作為に」

NOTES

☐ Westerner　欧米人

☐ reestablish　〜を復旧する

☐ concept　概念

---

donate　〜を寄付する　　doubt　〜を疑う　　employ　〜を雇う　　extend　〜を延長する

長文の内容一致選択問題を攻略！①

今日の目標

筆記3では3つの長文［A］［B］［C］の内容に関して質問がそれぞれ3問，4問，5問出題される。［A］は200語前後のEメール，［B］［C］は300〜350語のレポートである。文章が長いため時間配分が大切だ。ここでは素早く内容を把握するための方法を説明する。

ポイント1　まず質問と選択肢に目を通そう！

　［A］のEメールを8分，［B］を12分，［C］を15分以内に解答するのが理想であるが，じっくり英文を読んで理解してから解いていては時間が足りなくなってしまうだろう。限られた時間内に効率よく解答するためには，**まず質問に目を通す**とよい。

　筆記3では，［C］の最後の質問が文章の全体的な理解を必要とする内容になっていることが多いが，これを除けば，通常は各段落に関する質問が順番に出題される。そのため，事前に質問に目を通すことで，文章のおおよその流れをつかむ手がかりを得られる。また，質問文や選択肢に繰り返し出てくるキーワードは，文章内容の予測・理解の助けになる。特に［A］は用件を伝える簡潔なEメールなので，質問に目を通すことで，どのような情報をEメールから読み取る必要があるのかをあらかじめ理解でき，解答時間を大きく短縮できるはずだ。

ポイント2　タイトル・書き出しの文に注意しよう！

　英文の論旨の展開は，最初に主題と結論を明示し，その後，具体的にそれを説明していく場合が多い。［A］のEメールでは，冒頭の発信人，宛先，日付，件名などヘッダーと呼ばれる冒頭の情報が素早い内容理解の助けになる。［B］［C］のレポートでは，タイトルや書き出しの第1〜第2文はその後の文章展開を予想するために重要だ。ポイント1で述べた「質問と選択肢」とともに，こうしたタイトルや書き出しの文から文章の概要を予測し，読み進めながらその概要を修正しつつ，徐々に細部の理解を深めていくというのが，長文読解の方法である。

> 例題

From: Jacob Russell <j-russell@bixleyinsurance.com>
To: Helen Kaufmann <hkaufmann888@globalmail.com>
Date: January 26, 2014
Subject: Bicycle accident

Dear Ms. Kaufmann,

Thank you for your e-mail. We at Bixley Insurance are sorry to hear about your bicycle accident and will do everything possible to help you. First, it is good to hear from you that you were not seriously injured in the accident. Our customers' safety is our biggest concern.

You said that you spent one night at Mercy Hospital after the accident and you paid the hospital bill with your own money because you lost your health-insurance card. We should be able to repay you the full amount as long as you can provide us with the receipt from your hospital stay. In the meantime, I will contact the hospital to confirm the exact amount you paid and start the repayment process.

(1) Ms. Kaufmann told Jacob Russell that
   1 she has been planning to cancel her insurance.
   2 she had not been hurt badly in the accident.
   3 the insurance company has not been very helpful.
   4 the accident was caused by another person on a bicycle.

(2) Why does Jacob Russell need to contact Mercy Hospital?
   1 He needs to check how much money the hospital received.
   2 He thinks the hospital stay cannot be paid for by the insurance.
   3 Ms. Kaufmann does not have the receipt from her visit.
   4 Ms. Kaufmann's bicycle is still in front of the hospital.

(2013年度第3回より一部抜粋)

| 解説 | まずヘッダーで発信人，受取人，用件を確認する。メールアドレスから所属がわかることもある。ここでは，発信人のラッセルさんのアドレスに insurance が含まれているので，保険会社の社員であると推測できる。用件は「自転車事故」で，本文第1文から受取人が自転車事故にあったことがわかり，保険の支払いの件での説明が続くことが予想できる。
(1) については，第1段落第3文の it is good to hear from you that ...より，カウフマンさんからラッセルさんに連絡があったことがわかり，that 節の内容から，正解は **2**。
(2) については，保険金の支払いの具体的な手続きに関する第2段落の最後の文に I will contact the hospital to confirm ...とあり，ラッセルさんは病院に連絡することがわかり，不定詞 to confirm ...「〜を確認するために」の部分の内容から，正解が **1** だとわかる。

解答：(1) **2**　(2) **1**

| 訳 | 発信人：ジェイコブ・ラッセル <j-russell@bixleyinsurance.com>
宛先：ヘレン・カウフマン <hkaufmann888@globalmail.com>
日付：2014年1月26日
件名：自転車事故

カウフマン様，
　Eメールをありがとうございます。私どもビクスレー保険は，お客様の自転車事故のことをお伺いし，お気の毒に思います。お客様のお力になるためにできることは何でも行うつもりです。まず，お客様が事故で深刻な傷害を負われたのではないと伺い，ほっとしております。弊社のお客様の安全が私どもの最大の関心事です。
　事故の後マーシー病院に1泊入院なさり，健康保険証を失くされたため，ご自分で入院費をお支払いになったと伺いました。入院の際の領収書をいただけさえすれば，弊社で全額返金することが可能なはずです。私の方でも，お客様がお支払いになった正確な金額を確認するために病院と連絡を取り，返金手続きを開始いたします。

(1) カウフマンさんがジェイコブ・ラッセルに伝えたのは
　　1 彼女は自分の保険を解約するつもりでいる。
　　2 彼女は事故でひどいけがを負わなかった。
　　3 保険会社はあまり力になっていない。
　　4 事故は自転車に乗った別の人が引き起こした。

(2) なぜジェイコブ・ラッセルはマーシー病院と連絡を取る必要があるのか。
　　1 彼は病院がいくら受け取ったかを確認する必要がある。
　　2 彼は入院費は保険で支払うことができないと考えている。
　　3 カウフマンさんは入院の際の領収書を持っていない。
　　4 カウフマンさんの自転車がまだ病院の前にある。

動詞17　kill（時間・計画）をつぶす　rely 頼る　separate 〜を離す　transfer 乗り換える

6日目

次のページからは練習問題。ここで学んだことを使って問題を解いてみよう！

abandon ～を捨てる　　advertise ～を宣伝する　　approach ～に近づく　　conduct ～を実施する

6日目 練習問題

次の英文[A], [B]の内容に関して，(1)から(7)までの質問に対して最も適切なもの，または文を完成させるのに最も適切なものを1, 2, 3, 4の中から一つ選びなさい。

[A]

From: Melissa Holmes <melissa.holmes@bluediamond.net>
To: James Connor <james.connor@bluediamond.net>
Date: December 14, 2015
Subject: LightFoot Gym Shoes Campaign

Dear James,

I know you are working on the marketing campaign for the LightFoot gym shoes. You may even be nearing completion on it. I know you were planning to present it at the department meeting next week. However, I'm afraid we need you to stop your assignment for a while. Our CEO has decided to reduce our marketing budget. Therefore, we're pausing all marketing campaigns at present. That includes the LightFoot campaign we're doing.

The CEO is doing a review of all our marketing activities, and within about a week she'll choose which programs she wants to maintain and which she wants to end. Hopefully, she will continue LightFoot, but we can't be certain. I don't want our personnel just waiting a week for her decision, though.

So in the meantime, I'd like you to go see Luke Hammerstein in Design. His team could use your help with various assignments they're working on. He's on Floor 18; I already told him to expect you, so there's no need to e-mail him. Thanks for your flexibility.

Regards,
Melissa Holmes
Vice-president
Blue Diamond Fashion Group

☐☐ **(1)** Why does Melissa Holmes ask James to stop what he is doing?
   1 She wants to give his work to someone else.
   2 His department has been reduced in size.
   3 His ongoing project has been suspended.
   4 She wants to have a meeting with him today.

☐☐ **(2)** What will the CEO do after about a week?
   1 Expand the marketing budget.
   2 Choose new marketing personnel.
   3 Review customer reaction to the LightFoot shoe.
   4 Select which marketing programs to keep.

☐☐ **(3)** What does Melissa Holmes ask James to do?
   1 Help another department.
   2 Recruit a new team.
   3 Create a new budget.
   4 E-mail her back.

解答・解説

発信人：メリッサ・ホームズ <melissa.holmes@bluediamond.net>
宛先：ジェームズ・コナー <james.connor@bluediamond.net>
日付：2015 年 12 月 14 日
用件：ライトフット運動靴のキャンペーン

ジェームズ,
　あなたがライトフット運動靴のマーケティング・キャンペーンに取り組んでいるということはわかっています。もう完了に近づいてしまっているのかもしれません。あなたが来週，部の会議でそのことについてプレゼンテーションをする予定になっていたということも知っています。しかし，残念ながらあなたの仕事をしばらくの間，中止していただく必要が出てきました。わが社の CEO（最高経営責任者）は，マーケティングの予算を減らすことを決定しました。従って，現在マーケティング・キャンペーンをすべて中断しています。それには，われわれが行っているライトフットのキャンペーンも含まれています。
　CEO はわが社のすべてのマーケティング活動の見直しを進めており，およそ 1 週間以内で，どのプログラムを継続し，どれを終わらせたいかを選びます。うまくいけば，彼女はライトフットを続けるでしょうが，確かなところはわかりません。しかし，私はわが社の社員に，1 週間をただ彼女の決定を待って過ごしてほしいとは思いません。
　ですからそれまでの間，あなたはデザイン部のルーク・ハマースタインに会いに行ってください。彼のチームが取り組んでいるいろいろな任務で，あなたは力添えできるでしょう。彼は 18 階にいます。彼にはもうあなたが来ることを伝えておきましたから，彼に E メールを送る必要はありません。
　柔軟な対応をお願いします。
敬具

メリッサ・ホームズ
副社長
ブルーダイヤモンド・ファッショングループ

NOTES

□ completion 完了

(1) 解答 3

なぜメリッサ・ホームズは，ジェームズに彼がやっていることをやめるよう頼んでいるのか。
  1 彼女は彼の仕事をほかの誰かに与えたがっているから。
  2 彼の部署の規模が縮小されたから。
  3 彼の進行中のプロジェクトが一時停止されたから。
  4 彼女は彼と今日，会合を持つことを望んでいるから。

解説 第1段落第4文で，メリッサがジェームズに現在やっている仕事を中止するように言い，第5〜第6文でその理由を説明している。（第1文）the marketing campaign →（第4文）your assignment →（質問文）what he is doing という言い換えに注意しながら読み進めよう。（第6文）we're pausing →（選択肢）has been suspended という言い換えにも注意。

(2) 解答 4

CEOは，およそ1週間後に何をするか。
  1 マーケティングの予算を拡大する。
  2 新しいマーケティング人員を選ぶ。
  3 ライトフットの靴に対する顧客の反応をよく吟味する。
  4 どのマーケティング・プログラムを継続するかを選択する。

解説 第2段落第1文の後半，within about a week she'll choose which programs … から正解がわかる。within about a week のような時間表現は解答の鍵になることが多いため，注目ポイントである。

(3) 解答 1

メリッサ・ホームズはジェームズに，何をするよう頼んでいるか。
  1 別の部署を手伝う。
  2 新しいチームのメンバーを採用する。
  3 新しい予算を組む。
  4 彼女にEメールの返信を送る。

解説 第3段落第1文でデザイン部のルーク・ハマースタインに会いに行くように，そして第2文では暗にデザイン部を手伝うよう指示している。

NOTES

□ suspend
　〜を一時中断する

---

request 〜に頼む　　restore 〜を修復する，（秩序・健康など）を回復させる　　survive 存在し続ける　　upset 〜を動揺させる

[B] Ethanol

A type of alcohol made from corn is now used to power cars on a limited scale within the United States. Ethanol, as it is called, causes much less air pollution compared to gasoline. Supporters of ethanol therefore promote it as a clean energy that can be made from America's abundant grains. The United States government has spent billions of dollars on developing ethanol and financially supporting its sale.

Most ethanol comes from the U.S. Midwest, so the ethanol program has strong support from many citizens in those states. However, there are many critics of ethanol who claim it is a waste of money. They say there are several reasons why the product has a low chance of replacing gasoline. Many of their criticisms focus on the experiences of drivers who use it. Critics claim that drivers using ethanol report many negative effects. Their cars tend to get fewer miles per gallon and handle worse on the roads. Some have also reported engine damage resulting from ethanol use. Moreover, ethanol seems unable to compete against gasoline in the market on its own. It is much more expensive than gasoline to produce and distribute, so it can only be sold at the same price as gasoline because of government financial support.

Supporters of ethanol acknowledge these criticisms, but respond that the ethanol program can only develop slowly. It simply needs more time to progress—just like any other form of energy. That means it deserves the high research and development funds the program receives. They claim that ethanol could eventually solve at least part of America's demand for nature-friendly energy that can be created within America. Both supporters and opponents of ethanol continue to try and increase political support for their views. This issue regularly features as a hot topic among voters in local, state, and national elections. It seems that the controversy over ethanol will not go away any time soon.

(4) What is one reason supporters promote ethanol over gasoline?
  1 It is much cheaper.
  2 It is much cleaner.
  3 It is easier to develop.
  4 It is simpler to distribute.

(5) The use of ethanol
  1 will likely prevent the development of efficient car engines.
  2 will soon overtake the use of gasoline in many countries.
  3 is backed by many people within a certain region of the United States.
  4 is earning large amounts of money for the U.S. government.

(6) What is one thing that critics claim about ethanol?
  1 Cars that use it do not perform well on the roads.
  2 Drivers that buy it do not receive enough financial aid.
  3 Companies that sell it cannot get it in large amounts.
  4 Governments that support it use unscientific reports.

(7) Why does the passage state the ethanol program will remain controversial?
  1 Because it is progressing far too quickly.
  2 Because it is becoming less nature-friendly.
  3 Because it has failed to get enough research funds.
  4 Because it has become a sensitive political issue.

解答・解説

エタノール

　今日，アメリカ合衆国内で，限られた規模ではあるが，トウモロコシから作られるアルコールの一種が車を動かすために使われている。エタノールと呼ばれるそれが原因となる大気汚染は，ガソリンと比べて，はるかに低い。従ってエタノールの支持者はこれを，アメリカの豊富な穀物から作ることができるきれいなエネルギーとして奨励している。アメリカ合衆国政府は，エタノールの開発とその販売に対する財政的支援に数十億ドルを使った。

　大部分のエタノールはアメリカ合衆国中西部産で，エタノールの計画はそれらの州の多くの市民から強く支持されている。しかし，それはお金の浪費であると主張し，エタノールを批判する人も多くいる。彼らによれば，エタノール製品がガソリンに取って代わる可能性は低いという理由がいくつかある。彼らの批判の多くは，それを使用するドライバーの体験に焦点を当てている。エタノールを使用しているドライバーから，多くの好ましくない結果が報告されていると批判者たちは主張する。彼らの車は1ガロン当たりの行ける距離が短く，そして路上で走行性能が劣る傾向がある。また，エタノールの使用によるエンジンの損傷を報告した者もいる。さらに，エタノールは市場において，独力ではガソリンと競争にならないようである。エタノールは製造・流通の費用がガソリンよりはるかに高額であり，政府の財政援助ゆえにガソリンと同じ価格で売ることができているのである。

　エタノールの支持者はこれらの批判内容を認めてはいるものの，エタノールの計画はゆっくりとしか進展し得ないのだと答える。ほかのエネルギー製品と同じように，エタノールが進化するためにはもう少し時間が必要なだけなのだ。それは計画が，与えられる高額な研究開発資金に値することを意味する。国内で生み出すことのできる自然にやさしいエネルギーをというアメリカの需要を，エタノールは最終的に少なくとも部分的には満たすことができると，彼らは主張する。エタノールの支持派と反対派の双方とも，彼らの意見に対する政治的な支持を増やそうとし続けている。この問題は，地方選挙，州選挙，および国政選挙で，有権者の間でホットな話題としていつも蒸し返される。エタノールをめぐる論争が近いうちに収まることはないだろう。

NOTES

☐ Midwest （アメリカ）中西部

☐ gallon ガロン

名詞1　result 結果　electricity 電気　fact 事実　environment 環境

(4) 解答 2

エタノールの支持者たちがガソリンよりもエタノールを奨励する理由の一つは何か。
　1 それははるかに安い。
　2 それははるかにきれいだ。
　3 それは開発することがより簡単だ。
　4 それは流通させるのがより簡単だ。

解説 第1段落第2文に「エタノールが原因となる大気汚染はガソリンと比べてはるかに低い」とあり、これは見方を変えるとエタノールはガソリンよりもきれいなエネルギーであると言うことができる。

(5) 解答 3

エタノールの使用は
　1 効率的な自動車のエンジンの開発を妨げる可能性がある。
　2 間もなく多くの国においてガソリンの使用量を追い抜くだろう。
　3 アメリカ合衆国の特定の地域で多くの人々に支持されている。
　4 アメリカ合衆国政府のために大金を稼いでいる。

解説 第2段落第1文から正解がわかる。（本文）the U.S. Midwest →（選択肢）a certain region of the United Statesと表現が変化している点に注意。具体的な記述から、より一般的な記述への言い換えである。

(6) 解答 1

批判者たちがエタノールについて主張していることの一つは何か。
　1 それを使用する車は、道路で性能をうまく発揮できない。
　2 それを買うドライバーは、十分な財政援助を受けない。
　3 それを売る会社は、それを大量に入手することができない。
　4 それを支援する政府は、非科学的な報告を使用している。

解説 第2段落は主にエタノールに対する批判的な意見が書かれており、第5～第6文が正解への直接の鍵になる。運転しづらいことを、選択肢ではdo not perform wellと言い換えている。

(7) 解答 4

なぜこの文章はエタノールの計画が論争の渦中にあり続けるだろうと述べているのか。
　1 それがあまりにも速く進行し過ぎているから。
　2 それが自然にやさしくなくなりつつあるから。
　3 それが十分な研究資金を得ることに失敗したから。
　4 それがデリケートで政治的な争点になっているから。

解説 エタノールには支持する者と反対する者がいると書かれているが、第3段落ではそれが政治を巻き込んだ論争になっていることが述べられている。これを受けて、論争が近いうちに終わることはないだろうと文章を締めくくっている。

---

amount 金額　　room 余地　　theory 仮説　　research 調査

長文の内容一致選択問題を攻略！②

今日の目標

筆記3は時間との勝負である。限られた時間の中で，一語一句に注目しながら少しずつ理解していくやり方では，時間切れになる恐れがある。段落の構成，段落間のつながりに注目することで，文章全体の要旨をより短い時間で把握することが可能になる。全体的な文章の流れを素早く把握し，そこから細部の理解へと進めていくやり方で，読解力と読解スピードのアップを図ろう。

ポイント1　段落の最初と最後に注目しよう！

　段落とは1つのまとまった内容を表す文章全体の構成部分で，筆記3では通常，3〜4段落ある文章が出題される。第1〜2文で段落の趣旨が紹介され，続いてその趣旨をサポートする具体例や根拠などが列記されるのが，典型的な段落展開のパターンだ。最後の文には段落のまとめや，新たな展開への暗示があることが多い。段落の最初と最後に注目することで，素早く文章の流れを把握することができ，また細部の理解もより容易になる。

ポイント2　段落間のつながりを把握しよう！

　各段落末の文は基本的には各段落のまとめであるが，次の展開を予想させる場合も多く，疑問文で次の段落の主題が投げかけられることもある。次の段落の冒頭ではこれを受けて内容を展開することになるが，前段落を受ける表現（共通表現，言い換え表現，代名詞）をしっかり把握できることが重要である。段落間のつながりを正確に把握することで，文章の概要がよりつかみやすくなるのだ。

Brain Training

Much research has shown that the human brain is affected by how it is used. This has caused many people to believe that we may be able to make our brains work better by training them. Just as we go to the gym and do physical exercise to make our bodies stronger, perhaps we could do mental exercises to make our brains stronger. In fact, a number of companies now sell computer programs which, they say, allow us to do exactly this. But are such training programs worth spending money on?

Until recently, there has been a lack of proper scientific research into the effectiveness of these programs. In response to this, BBC Lab UK, a British website, decided to carry out a study of the effects of brain-training computer programs on overall brainpower. In the study, 13,000 people took part in a six-week program in which they did brain-training exercises three times a week. At the end, their mental skills were tested by scientists. The conclusion was that, while the participants got better at the particular exercises they did, their overall brainpower did not increase.

(1) Recently, some companies are selling computer programs that they claim
   1 give people a way to learn new skills by doing physical exercise.
   2 train people to be able to perform more effectively at work.
   3 strengthen people's brains by having them do mental exercises.
   4 create images of people's brains that show how the brain works.

(2) What was the purpose of the research done by BBC Lab UK?
   1 To discover why the brainpower of certain participants did not increase.
   2 To test scientifically how effective brain-training programs actually are.
   3 To find out which age groups are better at different mental exercises.
   4 To develop a new way of using computers to help people's thinking skills.

（2014年度第1回より一部抜粋）

means 手段　　order 順番　　charity 慈善（事業）　　benefit 利益

解説 第1段落第1文で「脳はその使われ方に影響される」とあり，第2文で「トレーニングによって脳の働きを良くできるかもしれないと人々が考えるようになった」とある。タイトルとこの2文で段落，および文章の主題がおおよそつかめる。第3～4文にはその具体的な方策（プログラム）の説明が続き，第4文から (1) の正解がわかる。そして最後の文で「果たしてそのプログラムにお金を使う価値はあるのか」と問いかけ，次の段落につないでいる。

第2段落第1文は第1段落で言及されたプログラムを these programs で受け，これらの効果についての科学的研究は以前にはなかったと述べている。続く第2文ではこの状況を受けて（In response to this の this が前文の内容を受けている），BBC Lab UK が研究を行うことにした，とある。この流れから (2) の正解がわかる。

正解：(1) 3　(2) 2

訳

脳トレーニング

多くの研究により，人間の脳はそれがどのように使われるかによって影響を受けることが明らかになった。このことは，脳をトレーニングすることによって自分たちの脳をより良く働かせることができるかもしれない，と多くの人々に思わせた。私たちが体をもっと丈夫にするためにジムに行って運動をするように，もしかすると脳をより強くするために頭の訓練をすることができるかもしれない。実際，今や多くの企業が，まさにこれができるようになるというコンピュータープログラムを販売している。しかしそのようなトレーニングプログラムにはお金を使うほどの価値はあるのだろうか。

最近まで，これらのプログラムの効力についての適切な科学的研究がなかった。これに応じて，英国のウェブサイト BBC Lab UK は，脳トレーニング用コンピュータープログラムの全般的な知力への効果に関する研究を行うことに決めた。この研究では，1万3千人の人々が，週に3回脳トレーニングの訓練を行う，6週間にわたるプログラムに参加した。最後には，彼らの知的技能が科学者によって検査された。結論は，参加者は自分たちの行った特定の訓練では上達したが，全般的な知力は増えなかったというものだった。

(1) 最近，いくつかの企業が主張しているのは，自分たちが販売しているコンピュータープログラムは
　1 運動をすることで新技能を学ぶ方法を人々に授ける。
　2 人々を仕事でより効果的に能力を発揮できるよう訓練する。
　3 頭の訓練を人々にさせることで脳を鍛える。
　4 脳がどのように働くかを示す，人間の脳の画像を作る。

(2) BBC Lab UK によって行われた研究の目的は何だったか。
　1 特定の参加者の知力が増えなかったのはなぜかを明らかにすること。
　2 脳トレーニングプログラムは実際にどれだけ効果的かを科学的に検証すること。
　3 いろいろな頭の訓練においてどの年齢層がより良くできるかを解明すること。
　4 人々の思考能力を手助けするために新しいコンピューターの使い方を開発すること。

次のページからは練習問題。ここで学んだことを使って問題を解いてみよう！

equipment 用具　policy 政策　vehicle 乗り物　nature 性質

7日目 練習問題

次の英文[A], [B]の内容に関して、(1)から(9)までの質問に対して最も適切なもの、または文を完成させるのに最も適切なものを1, 2, 3, 4の中から一つ選びなさい。

[A] Sleep

All humans require sleep. New-born babies usually need about 20 hours of sleep a day. As people get older, needs change. Although it depends on the individual, adults generally need a period of between 6 and 8 hours of sleep within any 24-hour period. This is what is known as the circadian cycle, more routinely known as the sleep cycle.

Sleep or sleepiness does not occur merely because we feel mentally tired. We are indeed biologically designed to sleep a certain amount of time. This is managed by adenosine, a chemical byproduct generated through the body's use of energy. Throughout the day, the body releases adenosine and by nighttime, a substantial amount of it is accumulated, resulting in sleepiness.

When we go to bed, the adenosine takes us into the first major phase of the sleep cycle, NREM. In this stage, our organs and muscles remain in a relaxed, slowed state. Our brains also send out delta waves, which in simple terms make our brains "empty." Deep into the sleep cycle, our bodies change over to the REM stage. There, muscles tighten, the heart beats faster, and the body may experience large changes in temperature. During this phase of sleep, our minds are unconscious, but our bodies are essentially awake. It is also in this stage that our brains switch to sending out alpha waves, and we dream.

The circadian cycle remained the same for thousands of years. The invention of electricity in the 19th century changed that, however. Artificial light created factories, offices, and even farm fields where people could work around the clock. Electricity permits hundreds of millions of people around the world to work night shifts, creating far more economic output than the past. That has not been entirely good, though. Getting 8 hours of sleep during the daytime is not as healthy as getting it in the evening. That is because we cannot escape the effects of our natural sleep cycle—which is tuned to night. Research has shown that night workers suffer from lower productivity, higher accident and error rates, and sometimes even mood changes or mental problems.

(1) What is said about one aspect of the circadian cycle?
   1 Humans need more hours of sleep as they get older.
   2 Humans tend to feel sleepy all day.
   3 Humans need a certain period of sleep every day.
   4 Humans can do without sleep for many days.

(2) According to the passage, adenosine
   1 generates energy throughout the day.
   2 helps us go to sleep.
   3 speeds up our reactions.
   4 helps us wake up in the morning.

(3) What makes REM different from NREM sleep?
   1 The brain sends out delta waves during REM sleep.
   2 The muscles and organs relax during REM sleep.
   3 The dreams we have end during REM sleep.
   4 The body becomes active during REM sleep.

(4) What is one thing we learn about night work?
   1 It can lead to more mistakes.
   2 It allows people less sleep time.
   3 It has been common for thousands of years.
   4 It stops us being affected by our natural sleep cycle.

(5) Which of the following statements is true?
   1 The circadian cycle has evolved into the sleep cycle.
   2 Humans are naturally made to sleep at a constant cycle.
   3 Research shows NREM and REM sleep can be similar.
   4 Humans are improving the quality of the work they do at night.

解答・解説

NOTES

☐ circadian cycle
24時間周期

☐ unconscious
意識を失った

睡眠

　すべての人間は，睡眠を必要とする。新生児は通常1日に約20時間の睡眠を必要とする。年を取るにつれて，必要な睡眠の量は変化する。個人差はあるものの，成人は一般的に24時間ごとに6時間〜8時間の睡眠を必要とする。これは24時間周期，より一般的には睡眠周期の名で知られている。

　睡眠や眠気は，単に精神的に疲れているから起こるのではない。実のところ，人は生物学上，ある程度の時間眠るようにできているのだ。これはアデノシンという，体がエネルギーを使うことによって発生する化学的副産物によって管理される。昼の間ずっと，体はアデノシンを放出し，夜までには相当量が蓄積され，それが眠気につながるのである。

　人が寝るとき，アデノシンは睡眠周期の最初の主要な段階であるノンレム睡眠へと人を導く。この段階では，われわれの器官と筋肉は，弛緩した，ゆったりとした状態に維持される。脳もまたデルタ波を示す。簡単に言い換えると，頭の中が「空っぽ」になるということである。睡眠周期が進むと，体はレム睡眠へと移行する。この段階では，筋肉は締まり，心拍はより速くなり，そして体温は大きく変化しているだろう。この段階の睡眠では，心は無意識であるが，体は基本的に覚醒している。またこの段階では脳が示すものはアルファ波に変わり，人は夢を見る。

　24時間周期は数千年の間，同じままであった。しかし19世紀の電気の発明が，それを変化させた。人工の光は，人々が24時間働くことができる工場や事務所，そして農場さえも出現させた。電気は世界中で何億もの人々が夜勤を行うことを可能にし，これまでよりもはるかに大きな経済的な成果を生み出した。しかし，それは良いことばかりではなかった。昼に8時間の睡眠を取ることは，夜に同じだけ眠ることほどは健康的ではない。それは人が，夜型に調和した自然の睡眠周期の影響から逃れることができないからである。夜勤の従業員は，より低い生産性，より高い事故率および過失率，ときには気分の変調や精神的な障害で苦しむことさえもあることが，研究によって明らかになった。

名詞⑤　pattern 模様　pressure 圧力　altitude 高度　department 部門

(1) 解答 **3**

24時間周期について言われている一つの側面とは何か。
1 人間は年を取るにつれて，より多くの睡眠時間を必要とする。
2 人間は一日中眠たいと感じる傾向がある。
3 人間は毎日一定時間の睡眠を必要とする。
4 人間は何日もの間，睡眠なしで済ませられる。

解説 第1段落最後の文に This is what is known as the circadian cycle, ...とあり，この This は前文，すなわち adults generally need a period of between 6 and 8 hours of sleep ...を受ける。between 6 and 8 hours は必要な睡眠時間を指している。

(2) 解答 **2**

文章によると，アデノシンは
1 昼の間ずっとエネルギーを発生させる。
2 人が眠りに入るのを助ける。
3 人の反応の速度を上げる。
4 人が朝，目覚めるのを助ける。

解説 第2段落第2文に人はある程度眠るようにできていること，第3文にそれがアデノシンによって管理されること，そして第4文にその具体的な仕組みが説明されている。

(3) 解答 **4**

レム睡眠がノンレム睡眠と違う点は何か。
1 レム睡眠の間，脳はデルタ波を示す。
2 レム睡眠の間，筋肉と器官は弛緩する。
3 レム睡眠の間，人が見ている夢が終わる。
4 レム睡眠の間，体は活動的になる。

解説 第3段落は前半がノンレム睡眠，後半がレム睡眠の説明になっている。特に第5～第6文の内容が，選択肢4の内容と一致する。

(4) 解答 **1**

夜間勤務についてわかることの一つは何か。
1 それはより多くのミスにつながりかねない。
2 それは人々が睡眠時間を減らすことを可能にする。
3 それはこれまで何千年もの間，一般的である。
4 それは人が自然な睡眠周期の影響を受けることを阻止する。

解説 第4段落は，電気の発明により自然な睡眠周期に逆らう労働習慣ができてしまったことについての説明になっている。最後の文で夜勤作業の具体的なデメリットが列挙されている。

(5) 解答 **2**

以下の記述のうち正しいのはどれか。
1 24時間周期は睡眠周期に進化した。
2 人間は生まれながら一定の周期で眠るようにできている。
3 ノンレム睡眠とレム睡眠が類似している可能性があることが，研究で明らかになっている。
4 人間は，彼らが夜に行う仕事の質を改善しつつある。

解説 第1段落で24時間周期について説明しており，この部分が選択肢2と一致する。

document 文書　position 職　item 項目　population 人口

[B] The Power of Giving

A lack of funding for public schools leads to problems that affect both teachers and students. In the United States, many public schools do not have extra money in their budgets to buy special equipment or supplies for students to use in class. Therefore, it has become typical for teachers to spend their own money on classroom items. In this way, they have been able to provide unique learning experiences for their students. However, many teachers feel that it is an unfair solution to the problem. In 2000, an online charity called DonorsChoose was founded to change this.

To make use of DonorsChoose, public school teachers post to the website a description of a classroom project they want to do, as well as the materials and funding required. People who would like to donate money go to DonorsChoose.org and choose a project to support—there are over 40,000 different projects—and they contribute as much money as they want. Then, when a project has been fully funded, the organization sends the materials directly to the school. In return for their contributions, donors receive a letter from the teacher, photos taken while students participated, and a detailed summary of how the money was spent on the project.

Charles Best, a high school social studies teacher in New York, was the founder of the DonorsChoose charity. Once he created his website, he then asked his colleagues to post projects. Not knowing many people who would donate, though, Best secretly funded all of them himself. His colleagues were amazed. After this "success," rumors about the website slowly spread, and more teachers in New York began posting projects.

In 2003, popular talk-show host Oprah Winfrey publicly praised the charity on television. That day, viewers contributed $250,000 to projects on the DonorsChoose website. Little by little, the charity expanded to allow teachers from every state to participate. Currently, there are projects posted from teachers at more than half of the public schools in the United States. Best's goal is to raise that number to 100 percent within the next five years. Through DonorsChoose, not only teachers but also students benefit from the public's support of public education.

☐☐ **(6)** What often happens in public schools in the United States?
1 Students must bring their own materials to class.
2 Teachers purchase things they need for projects.
3 Companies provide students with supplies for free.
4 Teachers must share equipment that the school owns.

☐☐ **(7)** What is one thing donors must do to contribute through DonorsChoose.org?
1 Choose a school to support and then give them money directly.
2 Collect materials for a project and then send them to the teacher.
3 Get friends to help them fully fund a project and then donate all at once.
4 Look through a list of projects and then select one to help.

☐☐ **(8)** How did Charles Best first make his charity a "success"?
1 He asked his colleagues to tell other teachers in New York about it.
2 He found many people who wanted to donate money to teachers.
3 He provided all of the money for the first several projects himself.
4 He secretly spread rumors about the success of his classes in school.

☐☐ **(9)** In the near future, Best would like
1 to double the number of Americans to donate money to public schools through his website.
2 more than $250,000 raised a year by people from each state in the United States.
3 all teachers to post projects in order to get his charity on television.
4 to have projects posted from teachers at all public schools throughout the country.

resident 居住者　　surface 表面　　veterinarian 獣医　　bacteria バクテリア

解答・解説

与える力

　公立学校の資金不足は，教師と生徒の両方に影響を与える問題につながる。アメリカ合衆国の多くの公立学校で，生徒が授業で使う特別な機材や用品を買うだけの余分なお金が予算の中にない。そのため，教師が教室の備品のために自腹を切ることが当たり前になってしまった。このようにして，彼らは自分の生徒たちに独自の学習経験を与えることを可能にしているのだ。しかし，多くの教師たちはこのような問題の解決策は不当だと感じている。これを変えるため，2000年に「ドナーズチューズ」という名のオンラインの慈善事業が設立された。

　ドナーズチューズを利用するために，公立学校の教師はそのウェブサイトに，自分たちがやりたい授業プロジェクトと，それに必要な教材と資金についての記述を，そのウェブサイトに掲載する。お金を寄付したい人はDonorsChoose.orgのウェブページを見て，自分が支援したいプロジェクトを選択し（サイトには4万件以上のいろいろなプロジェクトがある），自分が寄付したいだけのお金を寄付する。そしてプロジェクトに資金の満額が提供されたら，この組織は教材を直接学校に送る。寄付の見返りとして，寄付をした人は教師からの手紙，活動中の生徒の写真，およびプロジェクトのためにどのようにお金が使われたかを示す詳細にわたる一覧表を受け取る。

　ニューヨークの高校の社会科教師であるチャールズ・ベストは，ドナーズチューズの設立者である。いったん自分のウェブサイトを立ち上げると，彼は同僚たちにプロジェクトを掲載するよう頼んだ。しかし，寄付してくれるだろう人々を数多く知らなかったベストは，ひそかに自分でそれらのプロジェクトすべてに対して資金を提供した。彼の同僚たちはびっくりした。この「成功」の後，このウェブサイトの噂はゆっくりと広がり，ますます多くのニューヨークの教師たちがプロジェクトを掲載するようになった。

　2003年，人気のトークショー司会者であるオプラ・ウィンフリーが，テレビで公然とこの慈善事業を称賛した。その日，視聴者たちはドナーズチューズのウェブサイト上のプロジェクトに25万ドルを寄付した。この慈善事業は徐々にすべての州からの参加を認めるまでに大きくなった。現在，アメリカ合衆国の半分以上の公立学校の教師からのプロジェクトが掲載されている。ベストの目標は，次の5年以内にこの数値を100パーセントまでに上げることである。ドナーズチューズを通じ，教師だけではなく生徒たちも，大衆の公教育に対する支援による利益を享受しているのである。

名詞7　variety 多様性　　device 装置　　fingerprint 指紋　　fuel 燃料　　law 法律

(6) 解答 2

アメリカ合衆国の公立学校でよく起こることは何か。
1 生徒が自分の教材を授業に持って来なければならない。
2 教師がプロジェクトに必要なものを購入する。
3 企業が生徒に用品を無料で与える。
4 教師は学校の所有する備品を共用しなければならない。

解説　第1段落第1〜第2文でアメリカ合衆国の公立学校の資金不足とそれが生徒に及ぼす影響が述べられ，第3文で教師が自分で必要品を購入することが書かれている。（本文）spend their own money on →（選択肢）purchaseの言い換えに注意。

(7) 解答 4

DonorsChoose.orgを通じて寄付をするために，寄付者がしなければならないことの一つは何か。
1 支援する学校を選び，それからお金を直接送る。
2 プロジェクトのための教材を集め，それからそれを教師に送る。
3 プロジェクトに資金の満額を提供するのを援助する友人を集め，全額を一度に寄付する。
4 プロジェクトのリストに目を通し，それから援助対象を選択する。

解説　第2段落は第1段落最後の文を受けて，ドナーズチューズの仕組みを具体的に説明している。第2文では寄付の流れが説明されており，これを言い換えた**4**が正解。

(8) 解答 3

チャールズ・ベストはまずどのようにして自分の慈善事業を「成功」させたか。
1 彼は同僚たちに，ニューヨークのほかの先生たちにそのことを教えるよう頼んだ。
2 教師にお金を寄付したいと考えている人をたくさん見つけた。
3 最初のいくつかのプロジェクトのお金をすべて自分で提供した。
4 彼はひそかに，自分の学校の授業の成功についてのうわさを広めた。

解説　第3段落最後の文にAfter this "success" という表現がある。指示代名詞のthisは直前に言及されたことを指すことが多く，この場合は直前の第3文で述べられている「ひそかに自分で資金を出したこと」を指している。

(9) 解答 4

近い将来，ベストが望んでいるのは
1 彼のウェブサイトを通じで公立学校にお金を寄付するアメリカ人の数を2倍にすること。
2 アメリカ合衆国各州の人々から1年に25万ドル以上を集めること。
3 自分の慈善事業をテレビで扱ってもらうため，全教師にプロジェクトを掲載してもらうこと。
4 国中のすべての公立学校の教師たちからプロジェクトを掲載してもらうこと。

解説　第4段落第5文でベストが望むことをBest's goal is to raise that number to 100 percent ...といった形で紹介している。この文中のthat numberは，前文のmore than half of the public schools を指している。学校の数であって教師の数ではないので，**3**に引っ掛からないよう注意。

memory　記憶（力）　　resource　資源　　survey　調査

8日目

筆記	1	2	3	**4**
リスニング	1	2		

学習した日　月　日

英作文問題を攻略！①

今日の目標

英作文問題では，単文ではなくある程度の長さの「文章」を書くことが求められる。文章を書くときに大事なことはしっかりとした「設計図」を作り，それに従って組み立てることである。ここではその方法について学ぼう。

ポイント1　書く内容をメモしよう！

英作文問題ではTOPICが与えられ，それについて「意見」を述べることが求められる。さらにその意見を論証するための「理由」が必ず2つ必要となる。問題指示文には，TOPICとともに「理由の観点」として3つのPOINTSが提示される。

最初に行うべきことは，自分の立場を明確にすることである。はじめからどちらか一方に絞ってもよいが，次のように賛成・反対の両方のメモを書き，書きやすいと思う方を選んでもよい。「賛否を決めずにどちら側の理由も記す」という書き方は避けること。試験時間も頭に入れておこう。

メモ例　**TOPIC: Do you think sending *nengajo* is a good habit?**
　　　　　POINTS: Friendship / Tradition / Cost

Agree (Good)	Disagree (Bad)
can keep in touch with old friends	waste of money
can tell each other how we are	use SNS instead
fun to make them look nice	… …

メモを書く際は，POINTSを活用しよう。上の例では「友情」（Friendship）の観点から「賛成」の意見として「旧友と連絡が取れる」，「近況を知らせられる」などが述べられている。ただし，POINTSに示された観点を必ず含む必要はなく，それ以外のことを書いてもよい。

ポイント2　文章の順番・構成を考えよう！

メモで書く内容が決まったら，次に文章の構成を考え，骨子となる部分を少しずつ英語にしていく。「序論」，「本論」，「結論」の3つに分けて考えると論を組み立てやすい。

■序論：自分の立場を明確にすることが重要である。In my opinion や I think, I do not think などを書き出しに使うのがよい。主張を表す部分は，~ is a good [bad] idea「~は良い［悪い］」，We should [should not] ~「~すべきである［すべきではない］」という形になるのが基本である。

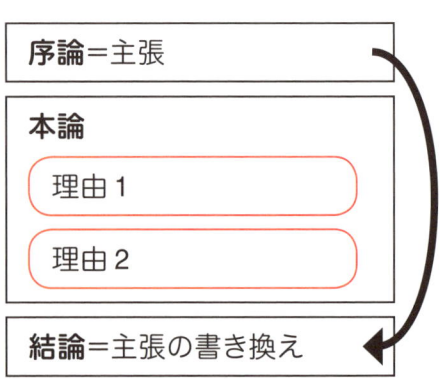

```
序論＝主張
         ↓
本論
  理由1
  理由2
         ↓
結論＝主張の書き換え
```

66　名詞8　design デザイン　condition 状態　creature 生き物　material 材料

■本論：自分の立場を支持するための理由や具体例を述べる。メモの中から書きやすくかつ論理的に強固だと思えるものを2つ選ぼう（字数制限があるので，うまく収まるように考慮する）。論理的な流れを考えてどちらを先にするのがよいかも吟味したい。また，複数の理由を述べるときは接続表現を使うと効果的である（p.136　17日目参照）。

■結論：自分の主張を繰り返して述べ，議論をまとめる。英語では同じ表現を避けて書くのがよいとされるので，TOPICで出てきた表現や序論で用いた表現をパラフレーズ（書き換え）（17日目参照）するように心掛けよう。

例題
- 以下のTOPICについて，あなたの意見とその理由を2つ書きなさい。
- POINTSは理由を書く際の参考となる観点を示したものです。ただし，これら以外の観点から理由を書いてもかまいません。
- 語数の目安は80語～100語です。

TOPIC
These days, some people buy things on the Internet. Do you think more people will do so in the future?

POINTS
- *Price*
- *Safety*
- *Technology*

解答　I think that Internet shopping will become more popular in the future. First, Internet shopping is very convenient. Some people are very busy during the day, so they do not have time to go shopping at regular shops. Internet shops do not close at night like regular shops do, so people can shop for things whenever they like. Also, Internet shopping is often cheaper than buying things in stores. People always like buying things cheaply, so they will start shopping on the Internet more in the future.　（87語）

訳　TOPIC　最近，インターネットで買い物をする人がいます。将来，もっと多くの人がそのようにすると思いますか。
POINTS　●価格　●安全性　●技術
インターネットショッピングは，将来，もっと盛んになると思います。まず，インターネットショッピングはとても便利です。日中はとても忙しくて，普通の店に買い物に行く時間がない人もいます。インターネット上の店は，普通の店のように夜に閉店することはないので，いつでも好きなときに買い物をすることができます。また，インターネットショッピングは，店で買い物をするよりも安い場合が多いです。人々はいつでも安く買い物をするのが好きなので，将来はもっとインターネットで買い物をするようになるでしょう。

（例題と解答は公益財団法人 日本英語検定協会発表の問題見本より）

解説

この問題では,「将来インターネットで買い物をする人が増えるか」についての意見を求められている。解答例では「もっと増える」の立場を取り,その理由として「普通の店との違い＝インターネット上の店の利便性・価格（Price）」を具体的に挙げている。

■序論

TOPIC の Do you think ～? に対して I think ～「～と思う」を冒頭にもってくるのは,自分の意見を明確に記すための最も基本的な導入表現の 1 つである。

この後,TOPIC で記されている buy things on the Internet を Internet shopping と簡潔に表している。Internet shopping は次の本論でも繰り返し用いられている。このような語句の「短縮」のパラフレーズは,語数制限のある文章を作成する際には大変有効である。同じく,TOPIC の more people will do so を Internet shopping will become more popular と書き換えていることにも留意しておきたい。このように,文全体の意味を変えずに,異なる主語や動詞を使用しながら「文構造にバリエーションをもたせる」ことは,英作文問題攻略のポイントの 1 つである。

■本論

本論では,序論の意見を支持する理由を必ず 2 つ示す。

最初に,接続表現の First を冒頭に置いて,「インターネットでの買い物が盛んになる」理由として挙げているのは,現代人の生活様式を背景とした Internet shopping の「利便性」である。Internet shops do not close at night like regular shops do, so people can shop for things whenever they like.「インターネット上の店は,普通の店のように夜に閉店することはないので,いつでも好きなときに買い物ができる」と記している。前文と合わせて,「日中多忙な人はインターネットを利用できる」と,その利点を述べている。この文の後半で使われている so は「接続副詞」と呼ばれ,2 つの文をつなぐ働きをしている。前文の内容を受けて「～なので,だから（so）…」という意味となる。序論にあった語句の「短縮」と同じように,短い文章作成では,内容をまとめたり,つないだりするこのような接続表現の利用が有効である。また,ここでは TOPIC の buy things が shop for things と,動詞句を用いてパラフレーズされている。

2 つ目の理由は POINTS に挙げられている「価格」を利用している。Internet shopping の特長として「いつでも利用できる」のほかに「（普通の）店よりも値段が安いことが多い」と述べている。冒頭に Also を用いており,「価格」の内容を示す語として cheaper と cheaply が使われている。

■結論

この解答例では,結論が独立しておらず,so を用いて,..., so they will start shopping on the Internet more in the future「…,だから将来はもっとインターネットで買い物をするようになるだろう」と,2 つ目の理由に続けて結論を述べている。ここでも,序論の Internet shopping will become more popular を they will start shopping on the Internet more とパラフレーズしている。

次のページからは練習問題。ここで学んだことを使って問題を解いてみよう！

名詞⑨　decision 決定　discovery 発見　fee 料金　gallery 美術館

8日目 練習問題

目標時間 20 分

- 以下の **TOPIC** について，あなたの意見とその理由を2つ書きなさい。
- **POINTS** は理由を書く際の参考となる観点を示したものです。ただし，これら以外の観点から理由を書いてもかまいません。
- 語数の目安は 80 語～100 語です。

TOPIC

Young people love playing computer games, and this may even be their favorite hobby. Do you think it is okay for young people to play computer games?

POINTS
- *Health*
- *Friendship*
- *Stress*

解答欄

---

presentation 発表　　scene 現場　　task（課せられた）仕事　　thread 一筋

NOTES

- hobby　趣味
- okay　良い
- hurt　〜を害する
- development　発育
- get weak　（目が）悪くなる，弱くなる
- get along with　〜と付き合う
- face-to-face　面と向かって
- social skills　社交スキル［能力］
- mentally　精神的に
- physically　肉体的に

解答・解説

解答例

I think that playing computer games too long is bad for young people. It hurts their development in many ways. First, when they spend all their free time in front of a video screen, they do not build their own muscles, and their eyes get weak. Their bodies do not develop. Second, they cannot learn how to get along with other young people, because they do not spend any time playing together face-to-face. It makes their social skills poor. Because of these points, young people should not play computer games until they grow mentally and physically enough.　（97語）

TOPIC
若い人たちはコンピューターゲームが大好きで，それは彼らの一番好きな趣味とも言えるかもしれません。若い人たちがコンピューターゲームをすることは良いと思いますか。

POINTS
●健康
●友情
●ストレス

解答例
長時間コンピューターゲームをし過ぎるのは若者にとって悪いことだと思います。コンピューターゲームは多くの面で彼らの発育を阻害します。まず，ビデオ画面の前で自由時間のすべてを費やすと，筋肉がつかず，目は悪くなります。体が十分に発育しないのです。また，顔を合わせて一緒に遊ばないので，ほかの若い人たちとの付き合い方を学ぶことができません。彼らの社交スキルが乏しくなるのです。これらの点から，若い人たちは精神的肉体的に十分に発達するまでは，コンピューターゲームをすべきではありません。

英作文は次の４つの観点で採点されています。

　・内容：課題で求められている内容が含まれているか。

　・構成：英文の構成や流れがわかりやすく論理的であるか。

　・語彙：課題にふさわしい語彙を正しく使えているか。

　・文法：文構造にバリエーションがあり，それらを正しく使えているか。

解 説

> この問題では，「若者がコンピューターゲームをすることの可否」について意見を求められている。解答例では「反対」の立場で，「健康」と「友情」の観点から，コンピューターゲームが若者にとってよくない理由を述べている。

■序論

I think の後に，that playing computer games too long is bad for young people「コンピューターゲームのやり過ぎは若者によくない」と，TOPIC にある okay の反意語の bad を用いて，反対の立場を明確に表明している。

続いてその理由として，It hurts their development in many ways.「多くの面で発育を阻害する」と記している。この1文は，本論で述べる理由の方向性を具体化しており，「発育の阻害」に関する論点が続くことを示す文となっている。このような2文で構成される序論のまとめ方も学習しておきたい。

■本論

1つ目の理由は「健康」の観点から，自由時間をすべてゲームに使ってしまうことの害として，they do not build their own muscles「(運動が不足して)筋肉がつかない」ことと their eyes get weak「(画面を見続けるため)視力が低下する」ことを挙げている。つまり，これらは次の Their bodies do not develop.「(コンピューターゲームにより)体が十分に発達しない」ことの具体例になっている。

2つ目の理由は「友情」の観点から，they do not spend any time playing together face-to-face「対面して遊ぶことがなくなる」ので，they cannot learn how to get along with other young people「ほかの若者との付き合い方を学べない」ことを挙げている。上と同様に，これをまとめると It makes their social skills poor.「社交スキルが乏しくなる」ということになる。最初の文の learn how to do は「〜する方法を覚える」という定型表現なので覚えておこう。

この本論では，First, Second の接続表現を使って2つの理由を導いている。

本論全体を見ると，各文の主語には they (＝ young people) を使い，they do not 〜 の否定文の形で理由を述べている。このように「反対」の立場では，否定文をつなげて説得力を増すことが可能である。

ほかの理由として，ゲームに熱中し過ぎると，Because of their lack of sleep, students cannot concentrate on their classes.「睡眠不足のために学生は授業に集中できない」，Students might become indifferent to the global situation without having time to read a newspaper.「新聞を読む時間がないと学生は世界の出来事に関心がなくなるかもしれない」などが挙げられる。

■結論

Because of these points「これらの点から」という表現を文頭に置いている。続けて，young people should not play computer games until they grow mentally and physically enough「心身ともに十分発達するまでは若者はコンピューターゲームをするべきではない」と主張を繰り返して述べている。特にここでは until they grow ... enough を最後に加えて，自分の主張をより明快なものにしている。「〜すべきでない」は should not 〜 で表す。

■『賛成』の立場ならば

「ストレス」の観点から，Computer games are a great way for young people to get rid of their stress and feel excitement.「コンピューターゲームは若者がストレスの軽減や刺激を得るのに良い方法だ」という理由や，「友情」の観点から They can make new friends by playing online games through electric messages.「オンラインゲームでの電子メッセージなどを通して新しい友人を作れる」などを挙げることができる。

- [ ] concentrate on
  〜に集中する
- [ ] become indifferent to
  〜に無関心になる
- [ ] global situation
  世界の出来事

- [ ] get rid of
  〜を取り除く

---

dinosaur 恐竜　　evidence 証拠　　layer 層　　mode 様式

9日目

筆記	1	2	3	4
リスニング	1	2		

学習した日　月　日

会話の内容一致選択問題を攻略！①

今日の目標

リスニング第1部は，男女2人の会話と，その内容に関する質問を聞き，問題用紙に印刷された4つの選択肢から答えを選ぶ形式である。第1部の解法の基本となる3つのポイントをマスターしよう。

ポイント1　問題の選択肢を事前にチェックしよう！

　リスニングの解答時間は短いので，時間をいかに有効に使うかが重要になる。第1部の会話は一度しか放送されず，解答時間は1問当たり10秒しかない。そこで，筆記試験を早めに解き終えた場合はもちろん，筆記試験終了時間ぎりぎりまでかかってしまった場合にも，会話が放送されるまでの時間を使って選択肢に目を通しておこう。そうすれば，会話と質問文の内容，さらには聞き取るべきポイントをある程度予測でき，解答時間を節約できる。同様に，問題を解き終わったら，次の問題の放送が始まるまでの時間にも，次の選択肢に目を通すようにしよう。

ポイント2　会話の「場面」と「状況」を把握しよう！

　第1部で問われている能力は，会話が行われている「場面」（レストラン・学校など）と「状況」（買い物・道案内など）を把握した上で，会話の内容を正しく聞き取れるかどうかである。「場面」と「状況」を素早くイメージできるかどうかで，会話の内容と展開の理解が大きく左右されてしまう。これらを会話のなるべく早い段階で把握できるようにしよう。なお，会話の話し手の関係は「友人同士や会社の同僚同士」が多く，ほかにも「店員と客」，「家族同士」などがある。また，電話の会話が毎回1〜2問程度出題される。

ポイント3　最初の発言を聞き逃すな！

　会話の前半部，特に冒頭の発言には，会話の状況や目的，2人の話し手の関係など，会話の全貌を把握するための「背景知識」に関する情報が含まれている。また，正解に直接かかわる情報が含まれていることも多い。前の問題の解答を考え過ぎて，心の準備ができていないうちに会話が始まってあわてることがないよう，問題の解答はできるだけ早めにすませて次の問題に目を通し，余裕を持って次の問題が始まるのを待ち構える。会話が始まったら集中し，選択肢から得た推測と照らし合わせながら会話の内容を把握していくというのが，正しい取り組み方である。

(名詞11)　pain 痛み　profit 利益　skill 技能　source 源

例題 【放送される英文】

★：Excuse me, waitress. I just went to the restroom, but when I got back to my table, my bag was gone. I think it was stolen.

☆：I'm very sorry, sir. What does it look like?

★：It's a black business bag. It had a gift for my mother inside. Do you think I should call the police?

☆：I'll ask the staff first. Maybe one of them has moved it to the coatroom.

Question: What does the man think happened to his bag?

【問題冊子に印刷された英文】

1　A staff member put it in the coatroom.
2　A staff member gave it to his mother.
3　It was taken to the police station.
4　It was stolen from his table.

（2014年度第2回）

解説　冒頭の Excuse me, waitress. で，飲食店で客がウエートレスに話しかけているという「場面」が，次の文から客のバッグがなくなったという「状況」がわかる。ここで，すべての選択肢に含まれている it がこのバッグを指すのだろうと推測できると，後はこのバッグがどうなるのかに注意して聞き進めることができる。最後の質問を聞くと，男性客が冒頭の発言の最後に「盗まれたと思う」と言ったことが正解につながるとわかる。最初の発言に重要な情報が集中し，ここをしっかり聞き取れないと正解にたどりつけないタイプの問題である。

解答：4

訳
★：すみません，ウエートレスさん。ちょっとお手洗いに行っていたんですが，自分のテーブルに戻ったら私のカバンがなくなっていたんです。盗まれたと思うのですが。
☆：それは誠に申し訳ございません。どんな外見ですか。
★：黒いビジネスバッグです。中には母への贈り物が入っていたんです。私は警察に電話をした方がいいでしょうか。
☆：まず私がスタッフに聞いてみます。誰かが携帯品一時預かり所にそれを持っていったのかもしれません。
質問：男性は自分のカバンがどうなったと思っているか。
　1　スタッフが携帯品一時預かり所にそれを置いた。
　2　スタッフがそれを彼の母親に与えた。
　3　それは警察署に持っていかれた。
　4　それは彼のテーブルから盗まれた。

次のページからは練習問題。ここで学んだことを使って問題を解いてみよう！

taste 好み　　clothes 衣服　　community 地域社会　　conference （公式の）会議

9日目 練習問題

🔊 3〜12　放送時間 約 7 分

対話を聞き，その質問に対して最も適切なものを1, 2, 3, 4の中から一つ選びなさい。

☐☐ **No. 1**　**1** He is lost and confused.
　　　　　　2 He has a train to catch.
　　　　　　3 He has a meeting to attend.
　　　　　　4 He needs to go to the hospital.

☐☐ **No. 2**　**1** The presents they bought.
　　　　　　2 A birthday present for their relatives.
　　　　　　3 The gifts given to them.
　　　　　　4 Gifts they are going to buy.

☐☐ **No. 3**　**1** He has to transfer to another department.
　　　　　　2 Izumi has to leave the company.
　　　　　　3 Izumi is making him work longer hours.
　　　　　　4 He has to stay in his current position.

☐☐ **No. 4**　**1** Trying to get his money back.
　　　　　　2 Setting up an Internet service.
　　　　　　3 Paying a cell phone bill.
　　　　　　4 Choosing a new cell phone.

☐☐ **No. 5**　**1** She did not understand his question.
　　　　　　2 She did not hear what he said.
　　　　　　3 Her friend has her baggage.
　　　　　　4 Her friend is going to help her with her baggage.

名詞12　distance 距離　　economy 経済　　effort 努力　　engine エンジン

☐☐ **No. 6** **1** He has already been to Britain.
      2 Jill recommended that he study there.
      3 Australia is too expensive for him.
      4 It has the best study options for him.

☐☐ **No. 7** **1** A small car.
      2 A sedan.
      3 A van.
      4 An automatic car.

☐☐ **No. 8** **1** She will catch her connecting flight at 10 a.m.
      2 She will leave a message for Alan.
      3 Alan will have to wait at the airport.
      4 Alan and Anne will not be able to meet.

☐☐ **No. 9** **1** To take an English test for her.
      2 To help her plan a trip to America.
      3 To help her study English.
      4 To talk to her about American life.

☐☐ **No. 10** **1** He cannot have the shoes replaced.
      2 He bought products of poor quality.
      3 He will not get the money back.
      4 He wants looser shoes.

evolution 進化   medicine 薬   permission 許可   rest 残り

解答・解説

🔘 **3~12**

No. 1 解答 **2**

★ : Excuse me, but would you tell me the way to the station?
☆ : Sure. Go straight up this street three blocks. You'll see it on the right.
★ : Do you think I can get there in ten minutes? I have to take the 2:30 express.
☆ : You can make it if you hurry.

Question: Why should the man hurry?

★ : すみませんが，駅に行く道を教えていただけますか。
☆ : いいですよ。この通りをまっすぐ3ブロック進んでください。右手に見えますよ。
★ : 10分で行けると思いますか。2時30分の急行に乗らなくてはならないんです。
☆ : 急げば何とかなりますよ。
質問 : なぜ男性は急ぐべきなのか。
  1 道に迷って困惑しているから。
  2 乗車すべき電車があるから。
  3 出席すべき会議があるから。
  4 病院に行く必要があるから。

解説 選択肢がすべてHeで始まっているので，「男性に関すること」に注意して聞こう。冒頭で駅への道を尋ねているという状況をしっかり把握したい。男性の2番目の発言 I have to take the 2:30 express. を聞き逃さないようにしよう。

No. 2 解答 **1**

☆ : Look at all these gifts we bought in Paris.
★ : We really had a hard time deciding what to buy.
☆ : Yes, I even began to wish we hadn't offered to bring back souvenirs to so many friends and relatives.
★ : It made you feel obligated to find a nice gift for everyone.

Question: What are they talking about?

☆ : 見て，私たちがパリで買ったお土産がこんなにあるわ。
★ : 何を買ったらよいか決めるのが，本当に大変だったね。
☆ : そうね，あんなに大勢の友だちや親せきにお土産を持って帰るなんて言わなければよかったとさえ思い始めてきたわ。
★ : それでみんなに良いお土産を見つけなくてはならないという気にさせられたからね。
質問 : 彼らは何について話しているか。
  1 購入したお土産について。
  2 親せきへの誕生日のプレゼントについて。
  3 自分たちがもらったお土産について。
  4 購入予定のお土産について。

解説 選択肢には，すべてpresent(s)，もしくはgiftsの語が含まれているので，それに注意して聞く。冒頭の発言で彼らがパリでお土産を買ったのだとわかる。

□ souvenir　土産

□ feel obligated to *do*
　〜しなければならないと思う

No. 3　解答　4

☆：Hi, Simon, did you get that promotion you were hoping for?
★：No, they gave it to Izumi instead. I was really disappointed not to get it.
☆：You shouldn't be. Remember, she's been here two years longer than you.
★：I guess you're right, but I worked really hard.

Question: Why does Simon feel down?

☆：ねえ，サイモン，希望していた昇進はできたの？
★：いや，僕ではなくてイズミが昇進したんだ。昇進できなくて本当にがっかりしたよ。
☆：がっかりすることないわよ。いい？　彼女はあなたより2年長くここにいるのよ。
★：君の言う通りだけど，僕は本当に一生懸命に仕事をしたんだ。

質問：なぜサイモンはがっかりしているのか。
　1　彼は別の部署に異動しなければならないから。
　2　イズミが会社を辞めなければならないから。
　3　イズミが彼に，より長い時間労働をさせているから。
　4　彼が現在の地位にとどまらなければならないから。

解説　選択肢から，会社での会話ではないかと推測しよう。正解は最初のやりとりから判断できる。（放送文）was really disappointed →（質問文）feel down という言い換えを理解できるかどうかもポイント。

No. 4　解答　4

★：I'm looking for a new cell phone. Something cheap and simple. What would you recommend?
☆：We have the X-200 Smart Phone. It's only $150, and you can access the Internet.
★：Don't you have anything cheaper? I just want to be able to make and receive calls.
☆：I see ... then the X-150 is probably best for you.

Question: What is the man doing?

★：新しい携帯電話を探しています。安くてシンプルなものがいいのです。おすすめはありますか。
☆：X-200スマート・フォンがございます。わずか150ドルで，インターネットにも接続できます。
★：もっと安いのはありませんか。ただ発信と着信ができればよいだけです。
☆：かしこまりました…それでしたらX-150がおそらくぴったりです。

質問：男性は何をしているか。
　1　返金してもらおうとしている。
　2　インターネットサービスの設定をしている。
　3　携帯電話の料金を支払っている。
　4　新しい携帯電話を選んでいる。

解説　選択肢3，4から携帯電話が会話に出てくることが予測できる。女性の最初の発言以降の情報は，結果的には解答するのに不要な情報だが，細かい情報もきちんと聞き取り，どんな質問にも対応できるようにしておこう。

NOTES

□ promotion　昇進

crop　作物　　experiment　実験　　flight　定期航空便　　influence　影響

解答・解説

No. 5 解答 **4**

★ : Do you need some help with your baggage, madam? It looks so heavy.
☆ : I'm sorry. What did you say?
★ : I asked if I could help you with your baggage?
☆ : No, thank you. I'm fine. I'm waiting for my friend. He'll help me.
Question: Why doesn't the woman want the man's help?

　★ : あのう、お荷物を運ぶのをお手伝いしましょうか。とても重そうですね。
　☆ : ごめんなさい。何とおっしゃいましたか。
　★ : お荷物を運ぶのをお手伝いしましょうか、とお聞きしたのです。
　☆ : 結構です。大丈夫ですよ。友だちを待っているところなんです。彼が手伝ってくれるわ。
　質問：なぜ女性は男性の手伝いを望んでいないのか。
　　1 彼の質問が理解できなかったから。
　　2 彼が言ったことを聞き取れなかったから。
　　3 友人が荷物を持っているから。
　　4 友人が荷物の面倒を見てくれることになっているから。

解説 冒頭で男性が「荷物を運んであげよう」と言っているが、女性は2番目の発言で No, thank you. I'm fine. と断っている。こうした場合は理由の説明が続くと推測できるので、それに集中して聞き取る。女性は最終的に男性の言ったことを理解しているので、選択肢 **1**、**2** に引っ掛からないよう注意。

No. 6 解答 **4**

☆ : Toru, I heard you're going to study in America this year. You're not going to Britain?
★ : Well, Jill, I was considering studying in Britain, but it's getting really expensive there these days.
☆ : What about Australia? It's cheap—and exciting.
★ : I'd like to visit, but I think that the courses in the States are most suitable.
Question: What is one reason the man wants to study in the United States?

　☆ : トオル、あなたは今年アメリカに留学する予定だと聞いたわ。イギリスには行かないの？
　★ : うん、ジル、イギリスに留学しようと考えていたんだけど、最近はイギリスは本当にお金がかかるんだ。
　☆ : オーストラリアはどう？　安いし、それに刺激的よ。
　★ : 行きたいんだけど、アメリカのコースが一番ぴったりだと思うんだ。
　質問：男性がアメリカで勉強したいと思う理由の1つは何か。
　　1 彼はすでにイギリスに行ったことがあるから。
　　2 ジルが彼にそこで勉強するように勧めたから。
　　3 オーストラリアは彼には高過ぎるから。
　　4 アメリカには彼にとって最良のコースがあるから。

解説 選択肢からは、海外へ行く話ではないかと推測できる。留学先をアメリカに決めた理由は2点あることに注意したい。1点目は費用がイギリスより安いことで、2点目は学びたいコースがあることである。会話の courses が選択肢では study options に言い換えられていることに注意。

No. 7 解答 **4**

☆: Good afternoon. May I help you?
★: Yes, I'd like to rent a car for one day.
☆: Do you have any particular type in mind? We have many selections available, such as sedans or vans. Maybe you would prefer a smaller car?
★: No, any model will do as long as it's automatic.
Question: What type of car does the man want to rent?

  ☆: こんにちは。ご用を承ります。
  ★: ええ，車を1日借りたいのですが。
  ☆: 何か特定の車種をお考えでしょうか。セダンやバンなど，いろいろな車種を用意しております。もしかしたら，もっと小さい車がよろしいですか。
  ★: いいえ，オートマチック車なら何でもいいんです。
  質問：男性はどのようなタイプの車を借りたいのか。
   1 小さな車。
   2 セダン型乗用車。
   3 バン。
   4 オートマチック車。

  解説　選択肢から質問の内容は車の種類に関係することだとわかる。冒頭の女性の発言から，彼女は店員で客に話しかけているとわかり，それに対する男性の発言でそこがレンタカーショップだとわかる。正解の決め手となるのは男性の最後の発言で，これが選択肢**4**の内容と一致する。

No. 8 解答 **2**

★: Hello, Anne, I'll be at the airport to meet you at 10 a.m.
☆: OK great, Alan. But listen, there's a chance I'll miss my connecting flight. If that happens, I'll be late.
★: Then what should I do?
☆: I'll leave a message on your answering machine, and tell you my new arrival time.
Question: What will happen if Anne is late?

  ★: やあ，アン，午前10時に空港に迎えに行くからね。
  ☆: ありがとう，アラン。でもね，接続便に乗り損ねることもあるわ。そうしたら遅れるわよ。
  ★: そのときはどうしようか。
  ☆: 私が留守番電話に伝言を入れて，新しい到着時刻を教えるわ。
  質問：アンが遅れるとどうなるだろうか。
   1 彼女は午前10時の接続便に乗る。
   2 彼女はアランに伝言を残す。
   3 アランは空港で待たなければならなくなる。
   4 アランとアンは会えなくなる。

  解説　選択肢のflight, the airport, meetなどの語から「空港」を舞台にした「待ち合わせ」に関する会話だとほぼ推測できる。女性の2番目の発言から，正解は**4**。会話ではconnecting flight「接続便」やanswering machine「留守番電話」などの名詞句の聞き取りもポイントとなる。

---

timber （集合的に）立木　　valley 谷　　value 価値　　angle 角度

解答・解説

No. 9 解答 **3**

☆：David, you're from America, aren't you?
★：That's right, Yumiko. I'm from Chicago. Why do you ask?
☆：Well, it's just that I have an English test soon, but English is really difficult for me. Do you have some free time soon?
★：Yes. Later on, around 4 o'clock. Why don't we talk then?
Question: What will Yumiko probably ask David to do?

☆：デイビッド，あなたはアメリカ出身なのよね？
★：そうだよ，ユミコ。僕はシカゴ出身だよ。なぜそんなことを聞くの？
☆：あのね，もうすぐ英語のテストがあるっていうだけのことなんだけど，英語が本当に難しいの。この後で空いている時間はある？
★：うん。後でね，4時ごろだな。そのときに話そうよ。
質問：ユミコはおそらくデイビッドに何を頼むだろうか。
 1 彼女の代わりに英語のテストを受けること。
 2 アメリカ旅行の計画を手伝うこと。
 3 英語の勉強を手伝うこと。
 4 アメリカ人の生活について話すこと。

解説 選択肢はすべて「女性に何かをしてあげる」ことになっている。冒頭の女性の発言が聞こえたら，なぜそのような質問をするのかに注意したい。男性も Why do you ask? と聞いているので，女性が何と答えるかに注意する。

No. 10 解答 **2**

☆：How can I help you, sir?
★：Look at these shoes. I bought them last week and already the soles are coming loose. They are obviously not well made.
☆：Oh, dear. I see what you mean. Well, of course we'll be happy to replace them for you, or give you a refund.
★：I think I'd rather have my money back.
Question: What is the man's problem?

☆：いらっしゃいませ。
★：この靴を見てください。先週，買ったんですけど，もう靴の底が取れそうなんですよ。明らかに出来が悪いんですが。
☆：それはそれは。かしこまりました。もちろん喜んでお取り換えさせていただくか，払い戻しをいたします。
★：返金の方がいいです。
質問：男性の問題は何か。
 1 彼は靴を取り換えてもらえない。
 2 彼は品質の悪い商品を買った。
 3 彼はお金を返してもらえない。
 4 彼はもっとサイズに余裕のある靴がほしい。

解説 選択肢がすべて He で始まっており，また男性が靴に何らかの不満を持っていることが予想できる。男性の1つ目の発言を言い換えた **2** が正解。

NOTES
□ sole 靴底

名詞15　audience（集合的に）聴衆　background 経歴　billion 莫大な数　branch 支店

NOTES

cafeteria カフェテリア（セルフサービスの食堂）　　container 容器　　credit 信用　　eyesight 視力

10日目

| 筆　記 | 1 | 2 | 3 | 4 |
| リスニング | 1 | 2 | | |

文の内容一致選択問題を攻略！①

今日の目標

リスニング第2部は50〜70語程度の長さの英文とその内容に関する質問を聞き，問題用紙に印刷された4つの選択肢から答えを選ぶ形式である。第2部の解法の基本となる3つのポイントをマスターしよう。

ポイント1　英文の「主題」と「内容」を把握しよう！

第2部の英文のリスニングで問われている能力とは，英文の主題をきちんと把握した上で，細かい情報を正確に聞き取る能力である。つまり，何について述べている英文なのか，どのように話が展開されているのかを，日付や数などの細かい情報を整理しながら聞き取ることが大切である。なお，英文の内容は，「ある人物の出来事」が多く，「社会的・文化的トピック」，「科学的（理系）トピック」，「アナウンス」などがそれに続く。

ポイント2　「時間表現」と「逆接表現」に注目しよう！

筆記試験の読解とリスニングの最大の違いは，リスニングは文章を後戻りして内容を確認できないことだ。従って，一語一語を追うのではなく，要点を上手に把握することがリスニングのコツだが，その助けになるのが「時間表現」と「接続表現」だ。

時間表現の後には鍵となる出来事が話されることが多い。複数の時間表現が現れる文では，それをもとに内容を時系列で整理する。質問に時間表現が含まれることもある。

接続詞（句）・副詞（句）などの接続表現は，文の内容を論理的に把握するのに役立つ。特に「逆接表現」はそれまでとは方向性の違う新たな展開が続くことを示唆し，その内容が問われることが多く，注意が必要だ。

ポイント3　質問文の疑問詞を注意して聞こう！

第1部も第2部も，英文の内容に関する質問は疑問詞（5W1H）を用いた疑問文になっており，中でもWhatとWhyを用いた質問が頻出傾向にある。質問の内容は，放送文全体の理解を問うものが多いが，細かい情報を問うものもあるので，どちらにも対応できるように情報を整理しながら注意して聞き取ろう。

名詞16　fashion　流行　　feature　特徴　　focus　焦点　　foundation　根拠

例題 【放送される英文】 🔊 13

Two years ago, Michael opened his own store. At first, it sold only scarves and handbags, and it did not make much money. Last year, however, a staff member suggested that they start selling various kinds of jewelry. The jewelry brought in many new customers and helped to make Michael's business much more successful.

Question: How did Michael make his store more successful?

【問題冊子に印刷された英文】

　1 He made it larger.
　2 He hired more staff members.
　3 He began selling new types of products.
　4 He lowered the jewelry prices.

（2014 年度第 2 回）

解説 冒頭で Two years ago ...と，「マイケルが店を開いた」ことが述べられる。そして At first ..., Last year ...とその後の展開が順に述べられる。Last year の後に however という逆接を表す副詞が続き，宝石を扱い始めるという新たな展開が述べられる。そして最後に，このおかげで商売がよりうまくいったと文を締めくくっている。選択肢 **3** の new types of products「新しい種類の製品」が文章中の jewelry「宝石」にあたる。

解答：3

訳 2年前，マイケルは自分の店を開店した。当初，スカーフとハンドバッグのみを販売して，あまり儲からなかった。しかし昨年，スタッフの1人がいろいろな種類の宝石の販売を始めることを提案した。宝石は多くの新しい客を呼び寄せ，マイケルの商売がはるかに繁盛するのを助けた。

質問：マイケルはどのようにして自分の店をより繁盛させたか。
　　1　彼はそれを大きくした。
　　2　彼はさらに多くのスタッフを雇った。
　　3　彼は新しい種類の製品を売り始めた。
　　4　彼は宝石の価格を下げた。

次のページからは練習問題。ここで学んだことを使って問題を解いてみよう！

fur 毛皮　　gap すき間　　guest 訪問客　　income 収入

10日目 練習問題　🎧 14〜23　放送時間 約 8 分

英文を聞き，その質問に対して最も適切なものを1, 2, 3, 4の中から一つ選びなさい。

☐☐ **No. 1**　**1** He wants to receive a promotion at his company.
　　　　　　2 He wants to spend more time with his family.
　　　　　　3 He wants to receive a higher job income.
　　　　　　4 He wants to get a heavier work schedule.

☐☐ **No. 2**　**1** It is six hours.
　　　　　　2 It is twelve hours.
　　　　　　3 It is one week.
　　　　　　4 It is two weeks.

☐☐ **No. 3**　**1** Buys lunch in the cafeteria.
　　　　　　2 Sits apart from his colleagues.
　　　　　　3 Saves money on food.
　　　　　　4 Makes lunch for his colleagues.

☐☐ **No. 4**　**1** About thirty-five.
　　　　　　2 About 900.
　　　　　　3 About 1,400.
　　　　　　4 About 2,300.

☐☐ **No. 5**　**1** They did not have enough players.
　　　　　　2 They did not want to travel so far.
　　　　　　3 They were not very good teams.
　　　　　　4 They could not get a boat for the trip.

名詞17　instance 例　　institute（芸術・理工系の）学校　　jam 混雑　　malnutrition 栄養失調

☐☐ **No. 6**   **1** Story time.
          2 A tour of the store.
          3 A book signing.
          4 Special sales on books.

☐☐ **No. 7**   **1** She is happy with her figure.
          2 She is not as slim as before.
          3 She used to eat mainly healthy food.
          4 She likes pizza more than sushi.

☐☐ **No. 8**   **1** Spent 3 months at a Chinese language school.
          2 Learned on his own for a while.
          3 Discussed his plans with friends.
          4 Became fluent in Chinese.

☐☐ **No. 9**   **1** Evacuate your home.
          2 Go to Covington.
          3 Stay indoors.
          4 Stay by the windows.

☐☐ **No. 10** **1** Michiko lost her cell phone.
          2 Michiko forgot to pay her bill.
          3 Michiko has not come home from school.
          4 Michiko has an expensive cell phone bill.

解答・解説

🔘 14〜23

No. 1 解答 2

Mr. Smith works at his company's head office, but he wants to spend more time with his family. He has applied for a job at a branch office in a small town. If he gets the job, he will not receive a promotion or a higher income. However, the work hours will be fewer, so he can be with his family on evenings and weekends.

Question: Why did Mr. Smith apply for the branch-office job?

> スミスさんは会社の本社に勤務しているが，彼は家族ともっと多くの時間を過ごしたいと思っている。彼は小さな町の支店での仕事を志願した。もしその仕事を得れば，昇進や高い収入は得られなくなるだろう。しかし，勤務時間はより少なくなるだろうし，そうなれば，彼は夕方や週末を家族とともに過ごすことができるだろう。
>
> 質問：なぜスミスさんは支店での仕事を志願したのか。
>   **1** 彼は会社で昇進したいから。
>   **2** 彼はもっと家族と一緒に過ごしたいから。
>   **3** 彼は高い収入を得たいから。
>   **4** 彼はもっときついスケジュールで仕事をしたいから。

解説 第1文のbut以降でスミスさんの「家族ともっと長く過ごしたい」という願望が述べられ，続く第2文で転勤を志願した，と続く。第3文で転勤によるデメリットを述べた後，第4文はHoweverで始まり，転勤により彼の望みが満たされることが述べられている。**2**が正解。

No. 2 解答 4

Just as there are days and nights on Earth, there are also days and nights on the moon. But each day and each night is two weeks long. During the two weeks of daytime the heat is so great that human beings would not be able to live there. Astronauts working in the daytime on the moon will need cooling systems built into their clothes.

Question: How long is a day on the moon?

> 地球に昼と夜があるように，月にも昼と夜がある。しかし1回の昼と夜の長さはどちらも2週間である。昼が続く2週間，熱がとても高くなるので人間は生きていけないだろう。月面で昼の間に作業をする宇宙飛行士は，衣服に装備された冷却装置が必要となるだろう。
>
> 質問：月での昼の長さはどのくらいか。
>   **1** 6時間。
>   **2** 12時間。
>   **3** 1週間。
>   **4** 2週間。

解説 選択肢から時間の長さ（How long ...?）について質問されることが推測できる。Butで始まる第2文で，月では昼と夜がそれぞれ2週間であることが述べられている。

No. 3 解答 3

Rick brings his lunch to work. Usually, it's just a sandwich, some fruit and a cake. His colleagues buy their lunches in the company cafeteria. Sometimes, Rick feels uncomfortable because he is the only person who brings his own food. However, he also knows that he avoids spending $4 a day by doing that.

Question: What does Rick do every day?

> リックはランチを職場に持参する。たいていは，サンドイッチ，果物，ケーキだけである。彼の同僚は会社のカフェテリアでランチを購入する。ランチを持参しているのが自分一人だけなので，時々，リックは居心地が悪いと感じることがある。でも，そうすることで1日に4ドル節約していることもわかっている。
> 質問：リックは毎日何をするか。
>   **1** カフェテリアでランチを買う。
>   **2** 同僚から離れて座る。
>   **3** 食事代を節約する。
>   **4** 同僚にランチを作る。

解説 正解の決め手となるのは，Howeverで始まる最後の文のhe also knows ... by doing thatの部分。（放送文）he avoids spending $4 a day → （選択肢）Saves money on food. という言い換えにも注意しよう。

No. 4 解答 4

Newspapers are the oldest form of mass media. News pamphlets and newsletters began to be published after the invention of printing. The first American newspaper was published in 1690. Around the time of the War of Independence, there were thirty-five newspapers. Today, there are about one thousand four hundred daily and nine hundred Sunday papers.

Question: How many newspapers in all are there in America today?

> 新聞はマスメディアの最も古い形態である。ニュースが書かれた小冊子やニュースレターが印刷機の発明後に出版され始めた。アメリカで最初の新聞は1690年に発行された。独立戦争のころには35の新聞が発行されていた。今日では，およそ1,400の日刊紙と900の日曜紙がある。
> 質問：今日アメリカには全部で何紙の新聞があるか。
>   **1** 約35。
>   **2** 約900。
>   **3** 約1,400。
>   **4** 約2,300。

解説 選択肢を見ると，数が問われていることがわかる。単なる聞き取りだけでなく，簡単な計算が必要な場合があるので注意したい。ここでは，日刊紙と日曜紙の合計数が正解となる。質問は「今日（today）」の部数なので，「独立戦争のころ（Around the time of the War of Independence）」の部数である**1**に引っ掛からないよう注意。

substance 物質　trick 手品　view 見解　wheel 車輪

NOTES

☐ in the end
結局，ついに

No. 5 解答 2

Soccer's first World Cup took place in Uruguay in 1930. Two months before the event, however, no teams from Europe had signed up to play. This was because no one wanted to make the long trip to South America by sea. In the end, countries including Romania, France, and Belgium agreed to compete, and there were 13 teams in all. Uruguay won the tournament.

Question: Why didn't European soccer teams sign up for the World Cup at first?

サッカーの最初のワールドカップは1930年にウルグアイで開かれた。しかし大会の2カ月前には，プレーするのに同意したヨーロッパのチームはなかった。これは南アメリカまでの海路の長旅を誰もしたがらなかったからである。結局，ルーマニア，フランス，およびベルギーを含む国々が競技参加に合意し，合わせて13チームがそろった。ウルグアイがこの大会で優勝した。
質問：なぜヨーロッパのサッカーチームは当初ワールドカップの参加に同意しなかったのか。
 1 チームには十分な数の選手がいなかった。
 2 彼らはそれほど遠くまで行きたくなかった。
 3 彼らはあまり良いチームではなかった。
 4 彼らは旅行のための船を調達できなかった。

解説 最初の文で第1回サッカーワールドカップの話題だとわかる。第2文冒頭の時間表現と，それに続く逆接のhoweverが聞こえたら，重要な情報が来る合図なので注意して続きを聞いておく。This was becauseで始まり，第2文の理由付けをする第3文のno one wanted to make the long trip ...を，**2**がThey did not want to travel so far. と言い換えている。

No. 6 解答 2

Welcome to Bookmark's annual book sale! Find reduced prices and fun activities all around the store. Children can enjoy story time with Amy in the children's section. Author Theresa Phelps will be signing books in the fiction section all day. And walk with Jack around the store to learn about the huge variety of books available! Jack will start in the magazine section at noon.

Question: What will start at noon?

ブックマーク書店の毎年恒例のブックセールへようこそ！ 店内あらゆるところで，値下げ価格と楽しいイベントを見つけてください。お子様は児童書売り場でエイミーのお話の時間をお楽しみいただけます。作家テレサ・フェルプスの本のサイン会はフィクション書売り場で終日行われます。それから，ジャックと店の中を歩いて，買うことのできる莫大な種類の本について学びましょう！ ジャックは正午に雑誌売り場から出発します。
質問：正午に始まるのは何か。
 1 お話の時間。
 2 店内ツアー。
 3 本のサイン会。
 4 本の特売。

解説 冒頭の文から書店の店内放送だとわかる。続く文のfun activities all around the storeが聞こえたら，その具体的な内容の説明が続くことが予想可能だ。時間表現に注意して，**3**に引っ掛からないようにしよう。

名詞19　author 著者　cash 現金　client 顧客　clothing （集合的に）衣類

No. 7 解答 **2**

As a child, Kayo had always been slim no matter what she ate — whether it was healthy dishes like sushi or fast food like pizza. Since becoming an adult, however, she has started to gain weight. She thinks her face and legs are beginning to look a little fat. She has realized that she will have to be much more careful about what she eats from now on if she wants to be slim again.

Question: What do we learn about Kayo?

> 子どものころ，カヨは，寿司のような健康的な食べ物であれ，ピザのようなファストフードであれ，どんな物を食べてもスリムなままだった。ところが，大人になってから，体重が増え始めた。彼女は顔と脚が少し太り始めたと思っている。再びスリムになりたいなら，今後は食べ物にもっと気を付けなければならないということに気付いた。
>
> 質問：カヨについて何がわかるか。
> 　1　彼女は自分の容姿に満足している。
> 　2　彼女は以前ほどスリムではない。
> 　3　彼女は主に健康的な食べ物を食べてきた。
> 　4　彼女は寿司よりもピザが好きだ。

解説　第3文に現れる「逆接」の接続副詞 however 以降の聞き取りがポイントとなる。「子どものころは何を食べてもスリムなままだった」→「ところが大人になったら太ってきた」という話の流れになっている。

No. 8 解答 **2**

Jason wanted to master Chinese. He taught himself using textbooks for a year, and then planned to study for 3 months in a language school in Beijing. He was confident before he got there, but found it hard to communicate with local people. At the end of the course, he was not fluent but he had improved a lot.

Question: What did Jason do before going to China?

> ジェイソンは中国語を習得したかった。彼は教科書を使って1年間独りで学習し，その後3カ月間，北京の語学学校で勉強する計画を立てた。彼は現地に着くまでは自信があったが，地元の人々と意思疎通するのはたいへんだということに気付いた。コースが終わるころ，彼は流ちょうというほどではなかったが，大いに進歩していた。
>
> 質問：ジェイソンは中国に行く前に何をしたか。
> 　1　中国語の語学学校で3カ月間過ごした。
> 　2　しばらくの間，独学をした。
> 　3　友だちと自分の計画を話し合った。
> 　4　中国語に流ちょうになった。

解説　選択肢からは「中国語」「学習」が話題になる可能性が予測できる。正解は第2文の内容からわかる。（放送文）He taught himself using textbooks for a year → （選択肢）Learned on his own for a while. の言い換えに注意。

---

conservation （環境の）保護　　content 中身　　critic 批評家　　decade 10年間

解答・解説

NOTES

☐ low-lying　低地の

☐ evacuate　〜から立ち退く

☐ highland　高地

No. 9　解答　**1**

Attention. There is a flood warning for Hamilton and Covington Counties. If you live in these low-lying areas, evacuate your homes immediately. There is also a heavy rain warning for Western Hills and North Gate Counties. If you live in these highland areas, please stay indoors, close all windows and keep away from them, as strong wind may break them.
Question: What should you do if you are in Hamilton County?

　お知らせします。ハミルトンとコビントンの両郡に洪水警報が出ています。これらの低地に住んでいらっしゃる方は，家からすぐに避難してください。また，ウエスタンヒルズとノースゲートの両郡に大雨警報が出ています。これらの高地に住んでいらっしゃる方は，強い風で窓が割れる可能性がありますので，外出せずに窓を全部閉めて，窓から離れてください。
　質問：もしあなたがハミルトン郡にいる場合は，どうしたらよいか。
　1 家から避難する。
　2 コビントンに行く。
　3 家の中にいる。
　4 窓のそばにいる。

　解説　洪水警報が出ているハミルトンとコビントンの両郡と，大雨警報が出ているウエスタンヒルズとノースゲートの両郡の警報の内容をきちんと聞き分けよう。ハミルトン郡に住んでいる人の取るべき行動は，第3文にある。

No. 10　解答　**4**

Mr. Sato usually pays the cell phone bills of his daughter, Michiko. This month, he discovered that his daughter's bill was double what it normally is. Mr. Sato became angry because he had always told his daughter to spend less time on her cell phone and study more. Mr. Sato plans to talk with his daughter about this problem when she gets home from school.
Question: Why is Mr. Sato angry?

　サトウさんはいつも娘のミチコの携帯電話料金を支払っている。今月，彼は娘の電話料金の請求額が通常の倍になっているのに気付いた。いつも娘に携帯電話の利用時間を抑えてもっと勉強するように言っていたので，サトウさんは怒った。サトウさんは娘が学校から帰宅したらこの問題を話し合うつもりだ。
　質問：なぜサトウさんは怒っているのか。
　1 ミチコが携帯電話を失くしたから。
　2 ミチコが料金の支払いを忘れたから。
　3 ミチコが学校から帰宅しないから。
　4 ミチコが携帯電話の高額な請求を受けているから。

　解説　選択肢にはミチコについての問題が並んでいる。問われているのはサトウさんが怒っている理由で，第2〜第3文に述べられている。becauseが表す因果関係に注目。

名詞20　degree 学位　disaster 天災　duty 義務　exercise 運動

NOTES

greenhouse 温室　hometown 故郷

応用編

11日目～**20**日目

前半10日間で基礎固めができたら，後半は実戦的な実力を養成するさらにステップアップした問題に取り組みます。
最終日は本番と同じ分量・形式の模擬テストになっていますので，時間を計って挑戦しましょう。

11日目

筆記 1 2 3 4
リスニング 1 2

学習した日　月　日

短文の語句空所補充問題を攻略！⑤（単語）

今日の目標

接頭辞・接尾辞など，英単語の「パーツ」の意味を覚えることで，単語の習得が容易になる。また，発音やスペリング・意味が似ていて紛らわしい語も，混同せずに覚えることが大切だ。似た意味の同意語や反意語もまとめて覚えておきたい。

ポイント1　語の一部が共通する語に注意！

それぞれの「パーツ」の意味を覚えておけば，単語が覚えやすくなり，知らない単語も文脈からある程度推測できることがある。

接頭辞が共通する語

□ ex-	「〜から，〜から外へ」	expose　〜をさらす，export　〜を輸出する，express　〜を表す，expand　〜を拡大する
□ over-	「越えて，渡って，あちらこちらに」	overcome　〜を克服する，overlook　〜を見落とす，overtake　〜を追い抜く
□ per-	「〜を通して，完全に」	persuade　〜を説得する，permit　〜を許可する
□ pro-	「前の，前へ」	promise　〜を約束する，promote　〜を促進する，provide　〜を供給する
□ re-	「反対に，後ろに，再び，離れて」	reveal　（隠された物事）を明らかにする，revise　〜を訂正する，reverse　〜を逆にする
□ trans-	「越えて，横切って」	transport　〜を輸送する，transform　〜を変換する

そのほかの部分が共通する語

□ substitute	〜を取り換える	□ constitute	〜を構成する	□ institute	〜を制定する
□ evolve	進化する	□ involve	〜を含む	□ revolve	回転する
□ inform	〜を知らせる	□ perform	〜を遂行する	□ reform	〜を改良する
□ select	〜を選択する	□ elect	〜を選出する	□ collect	〜を集める
□ acquire	〜を獲得する	□ require	〜を要求する	□ inquire	〜を尋ねる

接尾辞はもとになる語（動詞が多い）の語尾に付加することで品詞を変えるものが大半である。例えば -ion, -ment は名詞を作る接尾辞だ。production という語がわからなくても，動詞の produce に接尾辞の -ion がついたと考えれば，意味が推測できるだろう。「合成語」と呼ばれる複数の「パーツ」からなる語は，辞書にもその成り立ちが説明されていることが多い。

形容詞1　similar 類似した　certain 一定の　common 共通の　huge 莫大な

ポイント2　紛らわしい語に注意！

以下は，それぞれ発音，スペリング，意味が似ていて紛らわしい語である。

□ adapt	～を適応させる		□ industrious	勤勉な
□ adopt	～を採用する		□ industrial	工業の，産業の
□ affect	～に影響する		□ loyal	忠実な
□ effect	結果		□ royal	王室の
□ famous	有名な		□ respectable	尊敬に値する
□ infamous	悪名高い		□ respective	それぞれの
□ flesh	肉		□ shade	陰（光の当たらない部分）
□ fresh	新鮮な		□ shadow	影（あるものの影）
□ historic	歴史的に有名な			
□ historical	歴史の			

ポイント3　意味の対立する語

反意語はまとめて覚えよう。辞書で単語を調べる際，矢印で反意語が示されていることがあるので，そのような場合は反意語の方にも注目しよう。

□ ancestor	祖先		□ optimism	楽観主義
⇔ □ descendant	子孫		⇔ □ pessimism	悲観主義
□ ascend	上がる，登る		□ permanent	永久の
⇔ □ descend	降りる，下る		⇔ □ temporary	一時的な
□ attack	攻撃する		□ physical	肉体の
⇔ □ defend	防御する		⇔ □ mental	精神の
□ guilty	有罪の		□ predecessor	前任者
⇔ □ innocent	無実の		⇔ □ successor	後継者
□ horizontal	水平の		□ quality	質
⇔ □ vertical	垂直な		⇔ □ quantity	量
□ increase	増やす		□ rural	田舎の
⇔ □ decrease	減らす		⇔ □ urban	都会の
□ liquid	液体		□ vice	悪徳
⇔ □ solid	固体		⇔ □ virtue	美徳
□ negative	消極的な，否定の			
⇔ □ positive	積極的な，肯定の			

次のページからは練習問題。ここで学んだことを使って問題を解いてみよう！

successful 成功した　　sound 健全な　　united 団結した　　various さまざまな

11日目 練習問題

目標時間 8 分

次の(1)から(14)までの（　）に入れるのに最も適切なものを 1, 2, 3, 4 の中から一つ選びなさい。

(1) I didn't think that even the sumo wrestlers could finish such a large (　　) of food and so I was surprised to see them eat it all.
   1 flavor   **2** distance   **3** quantity   **4** quality

(2) The discovery of the shellfish and fishbone fossils was (　　) that the area had once been under the sea.
   1 evidence   **2** instance   **3** incident   **4** evolution

(3) *A:* He acted against his conscience.
   B: I guess he had no (　　).
   1 representative   **2** initiative   **3** negative   **4** alternative

(4) Hiroshi had trouble understanding classes when he entered a university in the United States, but he has made great (　　) with his English skills over the last six months. Now he can understand almost all of what the professors say.
   1 influence   **2** contribution   **3** progress   **4** survival

(5) He (　　) the one way traffic sign and received a warning from a police officer.
   1 overlooked   **2** overtook   **3** underwent   **4** noticed

(6) After the earthquake, there was (　　) any water or food left in the town.
   1 hardly   **2** nearly   **3** narrowly   **4** mostly

(7) Even though the government says that the economy has been getting better, there are still many young people who do not have enough (　　) to pay rent and support a family.
   1 income   **2** outcome   **3** majority   **4** minority

---

96　形容詞②　current 現在の　global 地球全体の　individual 個々の　harmful 有害な

解答・解説

(1) 解答 3

たとえ力士たちでもそれほど**大量**の食べ物を食べきれるとは思わなかったので，彼らがそれをすべて食べたのを見て，私は驚いた。

解説 文脈から力士たちがすべて食べたのは「大量の食べ物」だと推測できる。quantity「量」は quality「質」とセットで覚えたい。空所前の large，空所後の of food との組み合わせもヒントになる。flavor「風味」，distance「距離」

(2) 解答 1

貝と魚の骨の化石が発見されたことは，その地域がかつては海の底であったことの**証拠**となった。

解説 空所直後に，空所の語を説明する同格の that 節があり，この内容から evidence「証拠」が正解であるとわかる。instance「実例」，incident「事件」，evolution「進化」

(3) 解答 4

A: 彼は良心に逆らって行動したんだ。
B: **それ以外の方法**がなかったのだと思います。

解説 alternative「別の方法，二者択一」が正解。語頭部にある alter「〜を変える，改める」をヒントに覚えよう。representative「代理人，代表(者)」，initiative「主導権，イニシアチブ」，negative「消極的な，否定の」

(4) 解答 3

ヒロシはアメリカの大学に入学したときは授業を理解するのが困難だったが，これまでの6カ月間で彼の英語力は大いに**向上**した。今では教授の言うことがほぼすべて理解できる。

解説 ヒロシの入学時と現在の状態の差，そして空所前の made great との組み合わせから，progress「上達」を選択する。接頭辞 pro- から前に進むイメージをしたい。influence「影響」，contribution「貢献」，survival「生存」

(5) 解答 1

彼は一方通行の標識を**見落として**，警察官に注意された。

解説 overlooked が正解。overlook は「〜を見落とす，見逃す」という意味。overtake「〜を追い抜く，追い越す」，undergo「(変化，不快なこと)を経験する」，notice「〜に注目する，気付く」

(6) 解答 1

地震の後で，その町には水も食糧も**ほとんど**残って**いなかった**。

解説 hardly は準否定語として，ここでは「ほとんど〜ない」の意味を表す。選択肢にはないが，scarcely もほぼ同じ意味で使える。形容詞＋-ly で副詞になることが多いが，形容詞 hard「たいへんな，困難な」の意味での副詞は hard「苦労して，必死に」のままなので，注意したい。nearly「ほとんど，もう少しで」，narrowly「かろうじて，やっと」，mostly「主として，大部分は」

(7) 解答 1

経済は良くなってきていると政府は言っているものの，家賃を払い家族を養うのに十分な**収入**を得ていない若者がまだ多くいる。

解説 文頭 Even though「〜ではあるが」が表す文脈に着目し，十分な「収入」(income)がないと判断する。in＋come で「入ってくる」を表しており，outcome は「出てくる」から転じて「結果」を意味する。majority「大多数」，minority「少数派」

NOTES
☐ sumo wrestler　力士，相撲取り

☐ shellfish　貝

☐ conscience　良心

---

present　現在の　　unique　唯一の　　convenient　都合の良い　　official　公式の

(8) The new process has (　　) the need for checking the products by hand.
   1 enrolled   **2** engaged   **3** eliminated   **4** enlightened

(9) As there is no Internet access or even telephones available in the village in the jungle, sending a letter by post is the only (　　) for Michelle to contact people in her home country.
   1 survey   **2** vehicle   **3** agent   **4** means

(10) The weight of the snow on the roof caused the house to (　　).
   1 bankrupt   **2** collapse   **3** decay   **4** collide

(11) The employee was (　　) by his boss to finish the work on time.
   1 regretted   **2** retarded   **3** resigned   **4** required

(12) *A:* We had a long (　　) about it.
   B: And what conclusion did you come to?
   1 instrument   **2** argument   **3** appointment   **4** armament

(13) The photographer took a picture at the (　　) moment when the rocket exploded.
   1 concise   **2** precise   **3** vague   **4** active

(14) Jonathan has been feeling down since the death of his grandmother because she was his only living (　　). He is an only child and so were his parents.
   1 institute   **2** physician   **3** relationship   **4** relative

解答・解説

(8) 解答 3

新しい工程のおかげで，手作業によって製品を検査する必要<u>がなくなった</u>。

解説 eliminatedが正解。eliminateは「～を除去［削除］する」の意味で，語頭のeはex-「外へ」の変形。enroll「～を入会させる」，engage「(人)を従事させる」，enlighten「(人)を啓蒙する」のen-または-enは名詞・形容詞に付いて「～にする」という意味の動詞を作る。

(9) 解答 4

ジャングルのその村にはインターネットの回線はおろか電話さえもないので，郵便で手紙を送ることが，ミッシェルが母国の人々と連絡を取る唯一の<u>手段</u>だ。

解説 meansは「手段」を表す単複同形の名詞。mean「～を意味する」の名詞形はmeaning。survey「調査」，vehicle「乗り物」，agent「代理人」

(10) 解答 2

屋根の上の雪の重みで，その家は<u>倒壊</u>した。

解説 collapse「(建物などが)倒壊する」が正解。接頭辞col-（co-「ともに」の変形）が共通する，意味や形の似たcollide「衝突する」と混同しないように注意。bankrupt「(人・会社など)を破産させる」，decay「腐る」

(11) 解答 4

従業員は上司に時間どおりに仕事を終えるように<u>求められた</u>。

解説 be required to doで「～するよう要求される」の意味。regret「(すでに起こったこと・過ちなど)を後悔する」，retard「～を遅らせる，妨げる」，resign「～を辞職する，辞任する」

(12) 解答 2

A: 私たちはそのことについて長時間<u>議論</u>したのよ。
B: それで，どういう結論になったの？

解説 argument「議論，論拠」が正解。instrument「(精密な)器械，道具」，appointment「(日時・場所を決めて会う)約束」，armament「軍備，武装」

(13) 解答 2

その写真家はロケットが爆発した<u>まさにその</u>瞬間をとらえた。

解説 空所後のmoment「瞬間」を修飾する形容詞として，precise「まさにその，正確な」が適切。語尾の形が共通のconcise「簡潔な，簡明な」との混同に注意。vague「(言葉・意味・考えなどが)漠然とした，あいまいな」，active「積極的な，能動的な」（⇔passive）

(14) 解答 4

祖母が生きている唯一の<u>親類</u>だったので，彼女が死んでからというもの，ジョナサンはずっと落ち込んでいる。彼は一人っ子で，また彼の両親もそうだったのだ。

解説 第2文の内容や，ジョナサンが落ち込んでいるという文脈から，祖母が唯一の「親類(relative)」だったと推測できる。relativeは動詞relate「関係する」に形容詞を作る接尾辞-iveが付いた「関係のある，比例した」から，「親戚」という意味が派生した。relationship「関係」もrelat(e) ＋ -ion ＋ shipという成り立ちである。institute「協会」，physician「内科医」

---

ordinary 普通の　　academic 学問の　　accurate 正確な　　ancient 古代の

12日目 短文の語句空所補充問題を攻略！⑥（熟語）

ここでは，頻出熟語をリストアップする。以下のリストで挙げる以外の熟語については，問題を解いたり英文を読んだりする中で出合ったものを，一つ一つ覚えるようにしよう。

ポイント1　句動詞とそのほかの熟語動詞を覚えよう！

句動詞

□ break down	故障する	□ hang up	電話を切る
□ catch up with	〜に追い付く	□ keep up with	〜に（遅れずに）ついていく
□ come up with	〜を思い付く	□ put aside	〜を脇に置く
□ cut down on	（数量など）を減らす	□ put out	（火など）を消す
□ drop by [in]	（〜に）立ち寄る	□ run short of	〜が不足する
□ fall on	（光・音・視線などが）〜に当たる	□ set off	出発する
□ figure out	〜を理解する	□ set up	〜を設立する
□ go through	〜を経験する	□ stay up	寝ずに起きている
□ hand in	〜を提出する	□ turn up	不意に起こる
□ hang on	電話を切らずに待つ，〜にしがみ付く	□ work out	（問題など）を解決する，解く

そのほかの熟語動詞

□ come true	実現する	□ lose *one's* temper	かんしゃくを起こす
□ get rid of	〜を取り除く	□ take a nap	昼寝をする
□ keep an eye on	〜から目を離さない	□ take account of	〜を考慮に入れる

ポイント2　副詞の働きをする熟語を覚えよう！

□ as usual	いつものように	□ in general	一般に
□ at all costs	どんな犠牲を払っても	□ in particular	特に
□ at present	現在は，目下	□ in the first place	第一に
□ at random	無作為に	□ in the long run	結局は
□ by chance	偶然に	□ in turn	順番に
□ for good	永久に	□ later on	後で
□ in addition	さらに	□ on purpose	わざと，故意に

形容詞4　blank 空白の　due 予定された　efficient 能率的な　reliable 信頼できる

| ☐ in advance | あらかじめ | ☐ so far | 今までのところ |
| ☐ in detail | 詳細に | ☐ to some extent | ある程度 |

ポイント3　前置詞の働きをする熟語を覚えよう！

☐ as to	～については	☐ in honor of	～に敬意を表して
☐ by means of	～を用いて	☐ on behalf of	～を代表して
☐ in charge of	～を担当して	☐ owing to	～のおかげ（原因）で

ポイント4　be＋形容詞＋前置詞を覚えよう！

☐ be acquainted with	～と知り合いである，～に精通している
☐ be concerned about [with]	～について心配している
☐ be conscious of	～を意識している，～に気付いている
☐ be engaged in	～に従事している
☐ be equipped with	～を備えている
☐ be equivalent to	～に等しい，～に相当する
☐ be fit for (= be suitable for)	～に適している，～にふさわしい
☐ be ignorant of	～を知らない
☐ be responsible for	～に責任がある
☐ be subject to	～を受けやすい，～を条件にする
☐ be used [accustomed] to ＋名詞［動名詞］	～に慣れている

次のページからは練習問題。ここで学んだことを使って問題を解いてみよう！

physical 身体の　　pleasant 快い　　positive 肯定的な　　previous 以前の

12日目 練習問題

目標時間 8分

次の(1)から(14)までの(   )に入れるのに最も適切なものを 1, 2, 3, 4 の中から一つ選びなさい。

☐☐ **(1)** Sometimes this program is boring, but by and (   ), I quite enjoy it.
   1 rule   **2** large   **3** by   **4** great

☐☐ **(2)** *A:* It's been raining day after day, hasn't it?
   B: Yes, I'm (   ) up with it.
   1 fed   **2** tired   **3** bored   **4** sick

☐☐ **(3)** He can't even use a calculator, much (   ) a computer.
   1 less   **2** more   **3** none   **4** worse

☐☐ **(4)** In (   ) with Japan, the price of most goods is lower in the U.S.
   1 consequence   **2** reflection   **3** comparison   **4** quantity

☐☐ **(5)** Even though we made an appointment at 6 o'clock, Lisa did not (   ) until seven. I had to wait for an hour in the cold winter air.
   1 show up   **2** stand by   **3** take place   **4** go about

☐☐ **(6)** You'll have to work very hard today to make (   ) for the time you wasted yesterday.
   1 up   **2** out   **3** off   **4** away

☐☐ **(7)** Mariko did not take a direct flight to London but flew there (   ) way of Hong Kong. It took longer but the ticket was much cheaper.
   1 at   **2** by   **3** on   **4** under

形容詞5 general 一般的な   rough 大まかな   secondhand 中古の   severe 厳しい

解答・解説

(1) 解答 2

この番組は退屈なときもあるが、**全般的に**とても楽しめる。

解説 by and large で「全般的に (= on the whole)、ふつう (= usually)」という意味となる。by and by「やがて」

(2) 解答 1

A: 毎日よく雨が降るね。
B: ええ、**うんざり**だわ。

解説 be fed up with で「~に飽き飽きしている、~にうんざりしている」という意味となる。be bored with, be tired of で「~にうんざりしている」という意味となるが、空所後の up とはつながらない。

(3) 解答 1

彼は計算機すら使えないし、**まして**コンピューターなど使えるわけが**ない**。

解説 much less (= still less)「(否定の後で) まして~でない」。much more (= still more)「(肯定文を受けて) なおさら~である」

(4) 解答 3

日本**に比べて**、アメリカではたいていの品物の値段が安い。

解説 in comparison with「~と比較すると」(= compared with)

(5) 解答 1

6時に約束したのにもかかわらず、リサは7時になるまで**姿を現さ**なかった。私はこの冷たい冬の空気の中で1時間待たなければならなかった。

解説 第2文の内容から、約束の時間を過ぎても「現れなかった」(did not show up) とわかる。show「姿を見せる」＋ up「現れて」。stand by「待機する、~のそばにいる」、take place「起こる」、go about「出歩く、広まる」

(6) 解答 1

あなたは昨日無駄にした時間**を取り戻す**ために、今日はかなりしっかり働かなければならないだろう。

解説 make up for (= compensate for)「(損失など) を埋め合わせする、償う」

(7) 解答 2

マリコはロンドンまで直行便に乗らず、香港**経由の**飛行機で行った。時間はよりかかったが航空券ははるかに安かった。

解説 直行便 (direct flight) に乗らなかったと言っているので、by way of (Hong Kong)「(香港) 経由で」行ったとわかる。ほかの選択肢の前置詞は空所後の way of と熟語を形成しない。

NOTES

☐ calculator
計算機

---

tiny わずかな　　valuable 高価な　　wealthy 裕福な　　alternative 代わりの

☐☐ **(8)** We have discussed the business agreement many times on the phone and by email, but I need to visit Mr. Chapman to meet him in (   ) and talk about the details.
  1 charge   **2** person   **3** time   **4** short

☐☐ **(9)** *A:* Don't you have any desire to settle in Japan?
  B: I don't think so. With prices as high as they are, it's hard to make (   ) meet.
  1 numbers   **2** ends   **3** calculation   **4** values

☐☐ **(10)** You have to get (   ) of the habit of smoking if you really care about your health.
  1 up   **2** away   **3** behind   **4** rid

☐☐ **(11)** *A:* Have you gotten (   ) to city life?
  B: No, for a country boy like me it's been one culture shock after another.
  1 over   **2** accustomed   **3** prepared   **4** involved

☐☐ **(12)** In (   ) with your request, I have enclosed a picture of myself.
  1 partition   **2** considering   **3** reflection   **4** accordance

☐☐ **(13)** *A:* I think I can help out a little next week.
  B: Good. I'm counting (   ) you.
  1 on   **2** for   **3** at   **4** in

☐☐ **(14)** Too much discipline will do more (   ) than good to children.
  1 effect   **2** illness   **3** harm   **4** result

解答・解説

(8) 解答 **2**

その商取引については電話やEメールによって何度も話し合ったが，チャップマン氏を<u>直接</u>訪ねてその詳細について彼と話し合う必要がある。

解説 電話やEメールでのやり取りは多数重ねたのだから，「<u>本人と直接</u>」(in person) 会う必要があるとわかる。in charge「<u>担当して</u>」, in time「<u>間に合って</u>」, in short「<u>要するに</u>」

(9) 解答 **2**

A: 日本に落ち着く気はないの？
B: そんな気はないね。こんなに物価が高くては，とても<u>やっていけ</u>ないよ。

解説 make (both) ends meet「<u>収入内でやりくりする，収支を合わせる</u>」

(10) 解答 **4**

健康のことを本気で考えるのなら，喫煙の習慣は<u>絶たなければ</u>なりません。

解説 get rid of (= remove)「<u>（やっかいなもの）を取り除く，免れる，追い払う</u>」

(11) 解答 **2**

A: 都会生活には<u>慣れた</u>？
B: いや，僕のような田舎育ちにはカルチャーショックの連続だよ。

解説 get [be] accustomed to (= get [be] used to) は「<u>～に慣れる［慣れている］</u>」の意味。このtoは前置詞なので，後ろには（動）名詞が続くことに注意。get over「<u>克服する</u>」は他動詞として使用される。get prepared「<u>準備する</u>」ならfor, get involved「<u>関与する</u>」ならinがその後に続く。

(12) 解答 **4**

ご依頼<u>の通り</u>，私の写真を同封しました。

解説 in accordance withで「<u>～に従って，～と一致して</u>」の意味。

(13) 解答 **1**

A: 来週になったら，少しは手伝えると思うよ。
B: よかった。<u>当てにしている</u>わ。

解説 count on [upon] で「<u>～を当てにする，～に頼る (= depend on)，～を期待する</u>」の意味。count for「<u>～の価値がある</u>」, count in「<u>～を勘定に入れる</u>」

(14) 解答 **3**

しつけが厳し過ぎると，子どものためになるどころか，かえって<u>よくない</u>。

解説 do harmで「<u>害をなす</u>」。つまりdo more harm than goodで「<u>益よりも害をなす</u>」という意味。

NOTES

☐ enclose ～を同封する

☐ discipline しつけ

---

either どちらでも　　endangered 絶滅の危機にある　　extreme 極端な　　financial 財政（上）の

13日目

筆記 **1** 2 3 4
リスニング 1 2

短文の語句空所補充問題を攻略！⑦（文法）

今日の目標

仮定法は筆記1の文法パートの頻出項目であり，英検2級全体においても重要な文法事項である。いろいろな応用パターンも含めてチェックしておこう。そのほかにも，押さえておくべき文法項目を解説する。

ポイント1　仮定法過去・仮定法過去完了をチェックしよう！

仮定法過去：現在の事実に反する仮定，もしくは現実に起こる可能性のない仮定とそれに対する帰結を表す。Ifで始まる条件節中の動詞は過去形，帰結節中の動詞はwould [could / might / should] do という形になる。

仮定法過去完了：過去の事実に反する仮定とそれに対する帰結を表す。条件節中の動詞は過去完了形，帰結節中の動詞はwould [could / might / should] have done という形になる。

ほかに注意すべき形に，wishを使った仮定法（例：I wish I were taller.「背がもっと高かったらなあ」），if ... should ～「万一～したら」（「実現性が低い」という書き手の判断を表す。主節が仮定法過去にならない場合もある），as if ...「まるで～のように」などがある。

ポイント2　前置詞の用法をチェックしよう！

前置詞には，最初に学習する一般的な意味のほかに，見落としがちな重要な意味を持つ場合も多いので，しっかり押さえておきたい。

at	「～の状態で」	at war「戦争中で」，at the [one's] best「最良で」
behind	「～に遅れて」	behind schedule「予定に遅れて」
from	「～の原因（理由）で」	die from overwork「過労で死ぬ」，buy a car from necessity「必要に迫られて車を買う」
in	「～（の時間の）後に」	I'll be back in an hour.「1時間後に戻ります」
of	「～の性質を持つ」	a man of courage「勇気のある人」
over	「～をしながら」	talk over a cup of tea「お茶を飲みながら話す」
with	「～を使って」	write with a pen「ペンで書く」

形容詞⑦　nervous 神経質な　nonprofit 非営利的な　opposite 反対の　chemical 化学の

with O C	「OがCの状態で」	with the door closed「ドアを閉めた状態で」
with [without]	「～があれば [なければ]」	I can [can't] do it with [without] your help.「あなたの助けがあれば [なければ] それができる [できない]」

また，despite [in spite of] と though [although]「～にもかかわらず」，because of と because「～の理由で」，during と while「～の間」のように，似た意味の前置詞と接続詞を混同しないように気を付けよう。それぞれ前者は前置詞で語句が続き，後者は接続詞で節（主語＋動詞）が続く。
because of his illness / because he is ill「彼の病気のせいで」
during my stay in Japan / while (I was) staying in Japan「私の日本滞在中に」

ポイント3　倒置用法をチェックしよう！

倒置用法に関しては次のような問題が出題される。

否定を表す副詞(句)を文頭に置く
Not until we were outside did we realize it was so late.
「外に出るまでこれほど遅い時間になっているとは気が付かなかった」
Not only does he paint pictures but he also make poems.
「彼は絵を描くだけではなく，詩も作る」
so＋(助)動詞＋主語「（主語）もまたそうだ」
neither [nor]＋(助)動詞＋主語「（主語）もまたそうではない」
"I am from Hokkaido." "**So** is Mr. Tanaka."「私は北海道出身です」「田中さんもですよ」
"I couldn't finish the homework." "**Neither** could I. It was too much for that short period of time."「宿題を終わらせることができなかったよ」「私もよ。あの短期間にするのには量が多過ぎるわ」
had / were / should の倒置による条件節の if の省略
Should anything happen to my son, call me at once.
「もし息子に何かあったら，すぐに電話してください」

次のページからは練習問題。ここで学んだことを使って問題を解いてみよう！

artificial　人工の　　patient　忍耐強い　　available　手に入れられる　　likely　～しそうで

13日目 練習問題

目標時間 8 分

次の(1)から(14)までの(　　)に入れるのに最も適切なものを 1, 2, 3, 4 の中から一つ選びなさい。

(1) (　　) having gone through our packing list four times, we still forgot to bring the battery charger for the camera.
　1 Without　　**2** Despite　　**3** Unless　　**4** During

(2) He must have had an accident on the way, or he (　　) here by now.
　1 will have been
　2 has been
　3 would have been
　4 could have had

(3) *A:* This restaurant looks very expensive. Don't you think we had better go to another place?
　B: Don't worry about it. The dinner is (　　) me.
　1 at　　**2** in　　**3** on　　**4** over

(4) You (　　) make light of the test even if it's a small one.
　1 had not better
　2 didn't have better
　3 had better not
　4 had no better

(5) Mr. Anderson would be quite happy about the business report (　　) it not for the fact that the newly developed product is not selling well.
　1 did　　**2** had　　**3** could　　**4** were

(6) *A:* Why are those people dressed (　　) green, Daddy?
　B: Oh, they are celebrating St. Patrick's Day. People wear green clothes on this day.
　1 in　　**2** on　　**3** by　　**4** over

(7) *A:* The fireworks display was so beautiful. I wish you (　　) with me.
　B: So do I, Mary. It was a pity I had to work overtime to meet the deadline.
　1 has been　　**2** have been　　**3** had been　　**4** would be

副詞1　recently 最近　　actually 実は　　moreover その上　　rather かなり

解答・解説

(1) 解答 2

荷造りのリストを4回も点検した**にもかかわらず**，私たちはそれでもカメラの充電器を持ってくるのを忘れてしまった。

解説 文脈から「～にもかかわらず」という逆接の意味の前置詞 Despite を選ぶ。without は前置詞で「～なしで」。unless は「もし～でなければ」という意味の接続詞。during は前置詞で「（ある期間）の間」

❗ポイント　前置詞・接続詞・副詞の区別

(2) 解答 3

彼は途中で事故に遭ったに違いない，さもなければ今ごろはもうここに**いてもよいころである**。

解説 or 以降を「さもなければ～していただろう」という意味にするため，空所は仮定法過去完了の帰結節の時制〈would have ＋過去分詞〉にする。

❗ポイント　if 節のない仮定法過去完了

(3) 解答 3

A: このレストランはとても高そうだわ。別の所に行った方がいいんじゃない？
B: 心配しないで。夕食は僕**がおごる**よ。

解説 高価そうだと心配する A に対し，B が「心配するな」と言っている文脈に注目。on には「～のおごりで」という意味がある。

❗ポイント　前置詞 on の用法「～のおごりで」

(4) 解答 3

小テストといっても，軽く考え**ない方がいい**よ。

解説 「～しない方がいい」は had better not do の語順になる。had better は後ろに原形が続くことに注意。

❗ポイント　had better の否定形の語順

(5) 解答 4

新しく開発された製品があまり売れていないという事実**がなければ**，アンダーソン氏は営業報告書にとても満足していただろう。

解説 Were it not for は if it were not for「もし～がなければ」を倒置し，if を省略した形である。if it had not been for (= had it not been for)「もし～がなかったら」，but for「～がなければ，なかったら」も併せて覚えておこう。

❗ポイント　倒置による if の省略

(6) 解答 1

A: どうしてあの人たちは緑**色の服を着ている**の，父さん？
B: ああ，彼らは聖パトリック祭をお祝いしているんだよ。人々はその日には緑の服を着るんだ。

解説 前置詞 in には「～を着て」の意味があり，〈in ＋色〉で「～色の服を着て」を表すことができる。問題のように (be) dressed と組み合わせることも多い。

❗ポイント　前置詞 in の用法「～色の服を着て」

(7) 解答 3

A: 花火大会はとてもきれいだったわ。あなたも一緒**だとよかったのに**。
B: 僕もそう思っているよ，メアリー。締め切りに間に合わせるのに残業しなければならなかったのが残念だよ。

解説 〈I wish ＋過去完了の節〉で，過去の事実に反する願望を表す。

❗ポイント　過去完了の仮定法：事実に反する願望

---

unfortunately　不運にも　　increasingly　ますます　　sincerely　心から　　eventually　結局（は）

NOTES

☐ battery charger
　充電器

☐ make light of
　～を軽視する

13日目

筆記1

(8) A: I don't feel like taking the Japanese course. I have never learned a foreign language.
B: (　　) have I, but we need to try something new. Maybe knowing some Japanese expressions will help us when we visit Jackie, who lives in the countryside of Japan.
1 As　　　2 So　　　3 Either　　　4 Neither

(9) A: If you (　　) win one million dollars in a lottery, what would you do?
B: I'd quit my work and live peacefully in a remote village with my family.
1 shall　　　2 had to　　　3 were to　　　4 wanted to

(10) A: You were an even greater help than I'd expected.
B: I'm glad I could be (　　) help.
1 of　　　2 on　　　3 with　　　4 by

(11) Excuse me, but I don't want students in my class (　　) hats on. Will you take it off?
1 in　　　2 above　　　3 over　　　4 with

(12) A: I wonder who I should vote for in the election. Maybe Roger Johnson this time, too?
B: Are you (　　) increasing taxes? I am sure he will do it if he is governor again.
1 along　　　2 on　　　3 for　　　4 off

(13) You can learn how to use the machine by reading the user's manual. It covers everything and is easy to understand, but please don't hesitate to contact me (　　) you have any questions.
1 do　　　2 will　　　3 could　　　4 should

(14) The pollution would have been even worse (　　) they not taken special measures to avoid further criticism.
1 had　　　2 might　　　3 were　　　4 would

解答・解説

(8) 解答 **4**

A: 日本語の講座は受講したくないなあ。外国語を勉強したことがないんだ。
B: **私もないわよ**，でも私たちは何か新しいことに挑戦する必要があるわ。いくつか日本語の表現を知っていたら，日本の田舎に住んでいるジャッキーの所に行ったときにたぶん役に立つわよ。

解説 but we need to try something new といっていることから，Bも外国語の勉強をしたことがないとわかる。「～もまた（…）しない」を表す場合は〈neither (nor) ＋（助）動詞＋主語〉という倒置の形にする。「～もまたそうだ」を表す場合は〈so ＋（助）動詞＋主語〉という倒置の形にする。

⚠ ポイント　neither ＋（助）動詞＋主語「～もまた（…）しない」

(9) 解答 **3**

A: **もし**宝くじで100万ドルが当たっ**たら**何をしたい？
B: 仕事をやめて，家族と一緒にへんぴな田舎で静かに暮らしたいな。

解説 If S were to do「もし仮にSが～すれば」は，現在および未来に関して実現しそうにないと考えられる仮定を表す。

⚠ ポイント　if S were to do「もし仮にSが～すれば」

(10) 解答 **1**

A: 君は期待した以上に役に立ってくれたよ。
B: **お役に立てた**のなら私もうれしいです。

解説 〈of ＋抽象名詞〉で形容詞の働きをする。of help で「役に立つ」(= helpful)の意味。

⚠ ポイント　of ＋抽象名詞＝形容詞の働き

(11) 解答 **4**

申し訳ないが，私の授業では生徒には帽子**をかぶって**いてほしくないんだ。脱いでもらえるかな？

解説 with ... on で「～を身につけている」を表す。2番目の文で脱ぐよう命じていることから，話している相手が帽子をかぶっていることが推定できる。

⚠ ポイント　with ... on「～を身につけて」

(12) 解答 **3**

A: 選挙では誰に投票したらいいかな。また今回もロジャー・ジョンソンかな？
B: あなた増税**に賛成**なの？　彼がまた知事になったらきっとやるわよ。

解説 for には「～に賛成して」という意味がある。対義語は against「～に反対して」。Bの第2文の I am sure he will do it の it は前文の tax increase を指している。

⚠ ポイント　前置詞 for の用法「～に賛成して」

(13) 解答 **4**

取扱説明書を読めばこの機械の使い方がわかります。すべてのことが書かれていて，わかりやすいのですが，それでも**もし**何か質問がありまし**たら**，お気軽にご連絡ください。

解説 if S should ... は「その可能性は低いと思うがもしあれば」を表し，この問題文のように，その倒置用法がビジネスレターやメールなどでよく使用される。

⚠ ポイント　倒置による if の省略

(14) 解答 **1**

それ以上の批判を避けるために彼らが特別な措置を取らなかっ**たら**，汚染はさらにひどくなっていただろう。

解説 仮定法過去完了の条件節の had を倒置することにより if を省略する用法。問題文のように条件節が帰結節の後ろに続く場合，2つの節の境界がわかりにくいので注意しよう。

⚠ ポイント　倒置による if の省略

NOTES

□ criticism 批判

indeed 本当に　rapidly 急速に　especially 特に　hardly ほとんど～ない

14日目

筆記 **1** 2 3 4
リスニング 1 2

短文の語句空所補充問題を攻略！⑧（語法）

今日の目標　4日目で「語法」の重要性を解説したが，ここでは「基本語の隠れた意味」と「動詞が作る構文」の中でも重要性が高いものをリストアップした。「隠れた意味」では意外な意味とともにその品詞を，「構文」ではいくつかの動詞に共通のパターンを，それぞれ押さえておこう。

ポイント1　基本語の隠れた意味に注意

「隠れた」と言っても，どれも使用頻度の高い意味である。しっかり覚えておこう。

■ 動詞
- I was **addressed** by him.（私は彼に話しかけられた）
- That dress **becomes** her.（あの服は彼女に似合う）
- You can **count on** me.（私を頼りにしてください）
- The meeting **lasted** until 7.（打ち合わせは7時まで続いた）
- It doesn't **matter** at all.（それは全然重要ではない）
- I was **moved** by his words.（私は彼の言葉に感動した）
- He **runs** a company.（彼は会社を経営している）
- I can't **stand** the noise.（私はその騒音を我慢することができない）
- I cannot **tell** Bob **from** his brother.（私はボブと彼のお兄さん［弟］を見分けられない）

■ 名詞
- I have to pay a **fine**.（私は罰金を払わなければならない）
- This is the **fruit** of his study.（これは彼の研究の成果である）
- There's no **room** for doubt.（疑問の余地はない）
- John is a man of his **word**.（ジョンは約束を守る男である）

■ 形容詞
- I am **sick [tired]** of your complaining.（あなたの愚痴にはうんざりだ）
- He has a **good** amount of money in the bank.（彼は銀行にかなりの預金がある）

副詞3　further　さらに　　nevertheless　それにもかかわらず　　perhaps　もしかすると　　probably　たぶん

ポイント2　動詞に関連する構文に注意

動詞を学習するときは，その使い方をチェックする習慣をつけよう。

■ 動詞＋目的語＋前置詞

- She **regards** herself **as** the shyest student in her class.
（彼女は自分をクラスで一番内気な生徒だと思っている）
- They **blamed** him **for** the failure.＝ They blamed the failure on him.
（彼らは失敗を彼のせいにした）
- They tried to **prevent** the gossip **from** spreading.
（彼らはうわさが広がるのを防ごうと努めた）
- She **accused** him **of** stealing her car.
（彼女は自動車を盗んだ罪で彼を告訴した）
- The teacher **divided** the students **into** groups.
（先生は生徒をグループに分けた）
- A burglar **robbed** me **of** my wallet.（強盗が私から財布を奪った）
- I **owe** everything **to** you.（すべてあなたのおかげです）
- The organization **provided** homeless people **with** food.
（その団体はホームレスの人たちに食べ物を提供した）

■ 動詞＋目的語＋to不定詞

- Jason's help will **enable** us **to do** the job sooner.
（ジェーソンが手伝ってくれれば，私たちはもっと早く仕事を済ませられるだろう）
- She **persuaded** her husband **to attend** the meeting.
（彼女は夫を説得して会合に参加させた）
（ほかに want, ask, expect, tell, order, invite, get などが同様の構文を作る）

■ 動名詞を使った構文

- I don't **mind you [your] smoking**.（たばこを吸っても構いません）
- Boston is a city **worth visiting**.（＝ It is worth visiting Boston.）
（ボストンは訪れる価値のある街である）
- I **remember watering** the flowers.（私は花に水をやったのを覚えている）
- ※ She **remembered to water** the flowers.（彼女は忘れずに花に水をやった）
（ほかに forget *doing*「～したことを忘れる」，forget to *do*「～するのを忘れる」が同様の構文を作るので使い分けに注意しよう）

■ 動詞＋that節 ... (should) *do*

- He **demanded** (of me) that I **(should) produce** my student's ID card.
（彼は私に学生証を提示するよう要求した）
- I **suggested** (to him) that he **(should) take** a rest.（彼に休息してはどうかと言った）
（※ほかに recommend, request, insist などが同様の構文を作る）

次のページからは練習問題。ここで学んだことを使って問題を解いてみよう！

14日目 練習問題

接続詞　　　目標時間 8 分

次の(1)から(14)までの（　　）に入れるのに最も適切なものを 1, 2, 3, 4 の中から一つ選びなさい。

☐☐　(1)　**A:** Would you (　　) giving me a little help?
　　　　　B: Can I finish this job first?
　　　　　1 offer　　　**2** stop　　　**3** mind　　　**4** say

☐☐　(2)　We don't have to go to the baseball stadium. Television (　　) us to watch baseball games at home.
　　　　　1 asks　　　**2** enables　　　**3** provides　　　**4** makes

☐☐　(3)　There are many record shops in this city. He used to (　　) a record shop in the downtown area.
　　　　　1 fit　　　**2** run　　　**3** succeed　　　**4** arrange

☐☐　(4)　It was reported that as much as 80% of the world's illnesses could be (　　) to unclean water.
　　　　　1 attained　　　**2** distributed　　　**3** attached　　　**4** attributed

☐☐　(5)　The Japanese tea ceremony can be very elaborate and could (　　) for hours.
　　　　　1 end　　　**2** head　　　**3** wait　　　**4** last

☐☐　(6)　The two brothers are so much alike that we can't (　　) one from the other.
　　　　　1 move　　　**2** carry　　　**3** tell　　　**4** divide

☐☐　(7)　Accepting the request mainly from computer management workers, the company has (　　) its employees to work at home.
　　　　　1 considered　　　**2** permitted　　　**3** demanded　　　**4** prohibited

接続詞　　though …だけれども　　while …している間に　　unless …でない限り　　whenever …するときはいつも

解答・解説

(1) 解答 3

A: ちょっと手伝って**くれませんか**。
B: この仕事を先に終えてからでいいですか。

解説 Would you mind *doing*? で「〜していただけませんか」の意味になる。offer「〜を申し出る」，stop「〜を止める」，say「〜と言う」

(2) 解答 2

私たちは野球場に行かなくてよい。テレビがある**から**，私たちは家で野球の試合を見る**ことができる**。

解説 最初の文とつながるよう，enable O to do の形で「O（人）に〜できるようにする，（人）に〜する機会を与える」という意味にする。ask O to do「O（人）に〜するよう頼む」，provide「〜を提供する」，make O do「O（人）に〜させる」

(3) 解答 2

この街にはたくさんのレコード店がある。彼は中心部の辺りでかつてレコード店を**経営していた**。

解説 run はここでは「〜を経営する」の意味。fit「〜にぴったり合う」，succeed「成功する，〜を継ぐ」，arrange「〜を整える」

(4) 解答 4

世界の 80 パーセントもの疾病が不潔な水に**起因する**可能性があると報告された。

解説 attribute A to B「A（功績・原因など）を B のせいにする，B に帰する」の受動態を考える。attain「〜を成し遂げる」，distribute「〜を分配する」，attach「〜を取り付ける」

> as much as は「〜ほども」という意味で量が多いことを示す。

(5) 解答 4

日本の茶会はとても手の込んだもので，何時間も**続く**ことがある。

解説 ここでの last は動詞で「(時間的に) 続く」の意味。動詞の last にはほかに「持ちこたえる，長持ちする」の意味もあるので注意。end「終わる」，head「向かう」，wait「待つ」

(6) 解答 3

その 2 人の兄弟はとてもよく似ているので，私たちは**区別**がつかない。

解説 tell A from B (= distinguish A from B) で「A を B と区別する，見分ける」の意味。divide A into B「A を B に分ける」

(7) 解答 2

主にコンピューター管理作業者たちからの要望を受け入れ，会社は従業員が家で仕事をすること**を許可した**。

解説 従業員からの要望を受け入れたので，permit O to do「O が〜することを許可する」の形が正解。そのほかの選択肢は〈O + to do〉の形をとらない。consider「〜を考える」，demand「〜を要求する」，prohibit「〜を禁止する」

---

provided　もし…ならば　　wherever　どこで…しようとも　　whereas　…であるのに

(8) A: Why did you leave that company?
B: That kind of job didn't (　　) me.
1 adapt　　2 work　　3 respond　　4 suit

(9) A: It seems there is no more (　　) for discussion.
B: It's too bad, but it does seem that way, doesn't it?
1 vote　　2 work　　3 moment　　4 room

(10) I think it is (　　) doing even though you may fail.
1 precious　　2 appreciative　　3 worth　　4 excellent

(11) David had broken his arm last week, so he couldn't (　　) the deadline.
1 finish　　2 stop　　3 meet　　4 put

(12) Ms. Jackson (　　) the taxi driver for the crash but I think it was her fault because she made him hurry on the icy road.
1 accused　　2 blamed　　3 suspected　　4 took

(13) Do what you think best. It doesn't (　　) whether he agrees or not.
1 matter　　2 question　　3 inquire　　4 bother

(14) A: Which road do you think we should take to get to the Metropolitan Zoo?
B: I (　　) you take a bus from the subway station. It is a very popular place and you often have hard time finding a parking space.
1 encourage　　2 recommend　　3 describe　　4 appeal

解答・解説

(8) 解答 **4**

A: なぜあの会社を辞めたの？
B: ああいう仕事は，僕には**合わなかった**んだ。

解説 この問題の suit は「(人・物) に合う，適している」の意味。adapt は adapt A to [for] B で「A を B に適合 [順応] させる」の意味。work「～を働かせる」, respond「反応する」

(9) 解答 **4**

A: もう話し合う**余地**はなさそうね。
B: 残念だけど，そのようだね。

解説 room は for [to do] を伴って「～の [～する] 余地」という意味を表す。vote「投票」, work「仕事」, moment「瞬間」。

(10) 解答 **3**

失敗するかもしれないが，それはやってみるだけの**価値がある**と思う。

解説 be worth doing で「～するに値する」の意味になる。precious「貴重な」, appreciative「感謝している」, excellent「優秀な」。

(11) 解答 **3**

デイビッドは先週腕を骨折したので，締め切りを**守れ**なかった。

解説 空所の目的語となる the deadline「締め切り」には，meet「(要求) を満たす」がよく使われ，「締め切りに間に合わせる」という意味になる。finish「～を終える」, stop「～を止める」, put「～を置く」

(12) 解答 **2**

ジャクソンさんは衝突事故をタクシーの運転手**のせいにした**が，凍った道路の上を急がせたのだから，それは彼女の責任だと私は思う。

解説 blame A for B (= blame B on A) で「B (事) を A (人) のせいにする」。accuse は accuse A of B「A を B の理由で非難する」の形をとるので注意。suspect A of B「A に B の嫌疑をかける」, take A for B「A を B だと思い込む」

(13) 解答 **1**

自分の一番良いと思うことをしなさい。彼が賛成するかどうかは**問題ではない**。

解説 matter は通例 it を主語にして，否定・疑問文で「重大である，問題である」という意味の動詞で用いられる。第2文の It は whether 以下の節を指す。question「～を尋問する」, inquire「～を尋ねる」, bother「～を困らせる」

(14) 解答 **2**

A: メトロポリタン動物園に行くにはどの道を行けばいいと思いますか。
B: 地下鉄の駅からバスに乗ることを**お勧めします**よ。動物園はとても人気があって，駐車スペースを見つけるのに苦労することがしばしばですから。

解説 recommend that S (should) do で「S が～するよう勧める」という意味。encourage は encourage O to do「O に～するよう励ます」の形をとる。describe「～を述べる，描写する」。appeal「訴える，懇願する」は自動詞。

15日目

長文の語句空所補充問題を攻略！②

筆記2では，文法的な正誤の判断や語彙力を問う設問ではなく，文脈から空所に入る語句を判断する能力を問う設問が出題される。ここでは，文脈から空所の語句を推測する練習をしよう。

ポイント1　空所の前からのアプローチ！

空所を含む文は前文の内容をどう受けているかという，文章の流れを把握するのが最初のチェックポイント。論理展開を表す接続表現が鍵になっていることが多い。

ポイント2　空所の後ろからのアプローチ！

まずトピックを示し，それをサポートする具体例が続くというのが，英文の典型的な展開パターンである。そのような展開では，空所に続く具体例から，空所を含む部分の内容を推測できることがある。

ポイント3　代名詞・言い換え表現からのアプローチ！

筆記2では文脈を理解することが大切だが，そのためには，文と文とのつながりを正確に把握することが必要だ。文をつなぐ接続詞・副詞のほかに，前文の内容を受ける代名詞や，言い換え表現にも注目しよう。

例題

Washing Away

Most people have heard about the large number of plastic bottles and bags that are floating around in the world's oceans, harming fish and other animals. Mark Browne, an environmental researcher, examined the types of plastic that had washed up on various beaches around the world. He was surprised to find large amounts of plastic, such as polyester and acrylic, which are not used to make plastic bottles or bags. From this, he knew that this plastic waste must be (1).

熟語1　carry out ～　～を実行する　　in vain　無駄に　　to the point　的（まと）を射た

Since polyester and acrylic are found in many types of clothing, Browne thought that small plastic fibers were probably being washed off people's clothes and flowing through the sewer system* to the ocean. Wanting to solve this problem, Browne talked to a number of clothing companies. He recommended that they make clothes that were stronger and less likely to lose plastic fibers. However, many of these companies (2   ) was the problem. Instead, they said that these plastics could be coming from many other things, such as blankets, rugs, or even paint.

*sewer system: 下水道

(1) **1** difficult to remove **2** coming from somewhere else
    3 more dangerous than before **4** spreading to new places
(2) **1** misunderstood that acrylic **2** accepted that polyester
    3 suggested that plastic **4** denied that clothing

(2016年度第1回より一部抜粋)

解説

(1) の空所前にある this plastic waste は前文の「ペットボトルやビニール袋を作るのには使われていないポリエステルやアクリルなどのプラスチック」を指すので，それらが **2**「ほかのどこかから来ている」とすれば，次の段落の内容につながる。**1**「取り除くのが難しい」，**3**「以前より危険だ」，**4**「新しい場所に広がっている」

(2) の空所後に「プラスチックはほかの多くの物から来ている」とあることから，空所を含む文では **4**「衣服が（問題だ）ということを否定した」を選ぶ。**1**「アクリルが（問題だ）と誤解した」，**2**「ポリエステルが（問題だ）と認めた」，**3**「プラスチックが（問題だ）と示唆した」

解答：(1) **2**　(2) **4**

訳

洗い流すこと

魚やそのほかの動物たちを傷つけながら世界中の海に浮かんでいる大量のペットボトルとビニール袋について聞いたことがある人は多い。環境研究家のマーク・ブラウンは世界中のさまざまな海辺に打ち上げられたプラスチックの種類を分析した。彼はペットボトルやビニール袋を作るのには使われていないポリエステルやアクリルなどの大量のプラスチックを見つけて驚いた。このことから，彼はこのプラスチックごみは**ほかのどこかから来ている**とわかった。

ポリエステルとアクリルは多くの種類の服で見つけられるので，ブラウンは小さなプラスチックの繊維がおそらく人々の服から洗い落とされ，下水道を通って海に流れていったのだと考えた。この問題を解決したいと思い，ブラウンは多くの衣料品企業と話した。彼は企業に，より強く，プラスチックの繊維が落ちにくい服を作ることを勧めた。しかしながら，これらの企業の多くは，**衣服が**問題だ**ということを否定した**。そうではなくて，これらのプラスチックは毛布やじゅうたん，さらには塗料などのほかの多くの物から来ている可能性があると彼らは言った。

次のページからは練習問題。ここで学んだことを使って問題を解いてみよう！

up to ~　～次第で　　bring up ~　～を育てる　　do away with ~　～を廃止する

15日目 練習問題

次の英文[A], [B]を読み，その文意にそって(1)から(6)までの（　）に入れるのに最も適切なものを1, 2, 3, 4の中から一つ選びなさい。

[A] City Planning

　The population of many cities is growing as people find better employment opportunities in urban areas. Although more people are moving to the city, additional space is rarely available for the growing needs of the population. City planners are trying to design and use space to make cities better places to live.

　One possible solution to (　1　) is to build a huge building that will contain an entire community. These oversized buildings will have apartments on the higher floors, businesses and offices on the middle floors, and stores and entertainment centers on the lower levels.

　Architects and planners will include everything a person needs in his daily life. Gymnasiums, theaters, concert halls, and every imaginable store will be in the same building. Doctors' offices and city agencies will be readily available to those who live there. (　2　), people will live and work in the same building, and transportation will become less of a problem. It is possible that people will seldom need to leave the building. This kind of structure does not seem very strange when we think of some famous buildings in our cities today.

　A more surprising idea that city planners have is to design communities on the surface of the ocean. Some people are even planning cities underneath the sea. These new ideas are needed because cities, as they are now, (　3　) in size or in services for people in the future.

(1)　1 the problem of limited space　2 the lack of designers
　　 3 the conflicts among residents　4 the air pollution issue

(2)　1 In contrast　2 Unfortunately
　　 3 As a result　4 At first

(3)　1 can be smaller　2 will be sufficient
　　 3 can't be problematic　4 will not be adequate

解答・解説

都市計画

　都市部の方が，より良い仕事に就ける機会が多いので，多くの都市で人口が増加している。ますます多くの人が都会に移動しているが，人々の増大する需要に応える予備の空間はめったにない。都市計画の専門家たちは都市をもっと住みよい場所にしようと，空間を設計したり，利用したりしている。
　<u>限られた空間という問題</u>に対する1つの可能性のある解決策は，1つの地域社会を丸ごと収容してしまうような巨大な建造物を建設することである。これらの特大の建造物の高層部にはアパート，中層部には会社や事務所，低層階には店舗や娯楽センターが入ることになるだろう。
　建築家や都市計画者は，日常生活で人々が必要とするすべてのものを収容しようとするだろう。体育館や劇場，コンサートホールをはじめとして，考えられるすべての店が同じ建物の中に入るだろう。診療所や市の機関も，そこに暮らす人々は容易に利用できるようになる。<u>その結果</u>，人々は同じ建物で生活したり，仕事をしたりするので，交通はあまり問題にならないだろう。人々はほとんどその建物を離れる必要がなくなるかもしれない。このような構造は今日の都市の名だたる建物をいくつか考えると，それほど奇妙にも思えない。
　都市計画者が考えているさらに驚くべき構想は，地域社会を海上に設計するというものである。さらには海中に都市を計画している人たちもいる。このような新しい構想が必要とされているのは，都市が現在の様子から見て，将来的に人々にとって容量もサービスも<u>十分ではなくなる</u>からである。

(1) 解答 **1**
解説　増え続ける人口に見合う十分な空間を確保できないという第1段落の内容から，the problem of limited space「限られた空間の問題」とすればよい。
　2「デザイナーの不足」
　3「住民間の確執」
　4「大気汚染問題」

(2) 解答 **3**
解説　空所の2つ前の文に「考えられるすべての店が同じ建物の中に入るだろう」とあり，空所後には「人々は同じ建物で生活したり仕事をしたりする」とあるので，接続表現として As a result「その結果」が適切。
　1「それとは対照的に」
　2「残念なことに」
　4「初めは」

(3) 解答 **4**
解説　第4段落第1〜第2文にあるように海上や海中に都市が構想されるのは，都市は容量やサービスという点で「<u>十分ではなくなる</u>」(will not be adequate)からだとすると，つじつまが合う。
　1「もっと小さくなる可能性がある」
　2「十分だろう」
　3「問題になるはずがない」

□ architect　建築家

on purpose　わざと　　on schedule　予定通りに　　stand by　待機する

[B] Machine Intelligence

One of the most interesting fields of study today is Artificial Intelligence (AI). This is the attempt by scientists to develop computers that think totally independently, just as humans do. AI has been featured widely in news reports and science fiction movies, but AI is many years away.

Lesser known (4), however, is Machine Intelligence (MI): machines that operate and respond with a high level of intelligence. Experts believe that machines with high levels of intelligence will soon be able to do much more than the relatively simple, repetitive work that is carried out in factories today. An intelligent machine could adjust to problems on, for example, a car assembly line. It could also repair itself or automatically respond to changes in a production process. Moreover, it could do all this with a level of accuracy that human workers would find impossible.

One problem in the development of MI is that it is difficult to program machines to predict production problems. Not every potential problem or change on an assembly line can be programmed into a machine, in part because humans themselves cannot predict all problems. A human worker might quickly see that a product on an assembly line was being made in the wrong color, for instance, and alert a supervisor. A machine, (5), needs to be programmed to deal with that. If it is not preprogrammed, the machine might not recognize the problem.

Another obstacle is that it is currently difficult to make machines (6) the human body. Even the most complex machines, for example, cannot climb, pick up objects, or even just move forward as smoothly as humans can. Despite these problems, MI researchers and engineers believe that future machines will soon be able to do all the work that humans can do, and respond to problems just as humans might.

(4) 1 and occasionally irrelevant 2 and precisely equal
 3 but more immediately practical 4 but slightly clumsy

(5) 1 in this way 2 on the other hand
 3 as a result 4 in detail

(6) 1 as flexible as 2 stronger than
 3 inferior to 4 more acceptable than

解答・解説

機械知能

　今日，最も興味深い研究分野の一つが，人工知能（AI）である。これは，まさに人間がするように，完全に独立して考えるコンピューターを開発しようという，科学者による試みである。AIはニュース報道やSF映画の中で広く取り上げられてきたが，AIの実現は相当先の話である。

　AIほどはよく知られていない**が，より早く実用的になりそう**なのが，機械知能（MI）だ。高レベルの知能で作動し，反応する機械のことである。近い将来，高レベルの知能を持つ機械は，今日工場で行われている比較的単純で反復的な作業より，はるかに多くのことをこなせるようになると，専門家は考えている。知能機械は，例えば車の組み立てラインでの問題にも適応することができるだろう。それはまた，自分自身を修理できたり，製造工程の変化に自動的に対応できるだろう。さらにそれは，人間の従業員であれば不可能だろうというレベルの正確さで，こうしたことすべてを行うことができるだろう。

　MIの開発における一つの問題は，生産過程における問題を予測するように機械をプログラムするのが難しいということである。組み立てライン上で起こる可能性のあるすべての問題または変化を，機械にプログラムすることができるわけではない。一つには，人間自身がすべての問題を予測することができるわけでないということにもよる。人間の従業員であれば，例えば組み立てライン上の製品が間違った色で作られているのに素早く気付き，管理者に注意を促すだろう。**一方**，機械はそうしたことに対処するようにプログラムされている必要がある。あらかじめプログラムされていなければ，機械は問題を認識しないだろう。

　もう一つの障害は，機械を人体**と同じくらい柔軟に**することは現在のところ難しいということである。最も複雑な機械でさえも，例えば登ったり，物体を持ち上げたり，ただ前に進むことさえも，人間がするほどスムーズにはできない。これらの問題にもかかわらず，未来の機械はじきに，人間ができるすべての仕事ができるようになり，ちょうど人間がするように問題に対処することができるようになると，MIの研究者やエンジニアは信じている。

(4) 解答 **3**

解説 空所を含む文には逆接の however が含まれているので，MIは「AIほど知られてはいない**が，より早いうちに実用的になる**（but more immediately practical）」と考えられる。
　1「そして時折無関係な」　**2**「そして厳密に平等な」　**4**「しかし少し不器用な」

(5) 解答 **2**

解説 前文に「人間の従業員であれば，間違った色で作られているのに素早く気づく」とあり，空所を含む文では「機械はそうしたことに対処するようにプログラムされている必要がある」と，人間と機械との違いが述べられているので，on the other hand「一方」を入れるとうまくつながる。
　1「このようにして」
　3「その結果」
　4「詳細に」

(6) 解答 **1**

解説 最終段落第2文で人体のスムーズな動作を具体的に説明しているので，空所を含むフレーズは（make machines) as flexible as ...「～と同じくらい柔軟にする」となる。
　2「～より強く」　**3**「～に劣る」　**4**「～より容認できる」

NOTES

15 日目

☐ field of study　研究分野
☐ artificial intelligence　人工知能

☐ repetitive　反復的な

☐ supervisor　管理者

☐ obstacle　障害

---

turn up　姿を現す　　call off ～　～を中止する　　fill out ～　（書類）に記入する

筆記 2

16日目

筆記 1 2 **3** 4
リスニング 1 2

学習した日　月　日

長文の内容一致選択問題を攻略！③

今日の目標

筆記3の［B］［C］では，社会的・科学的な内容のトピックが出題されることが多い。内容的に難しく，分量も多いので日ごろから新聞などをよく読み，社会常識に強くなっておくことが大切だが，ここではそうした内容をより素早く正確に把握するための方法を練習する。［A］のEメールを読む際にも役に立つだろう。

ポイント1　キーワードや接続表現に注目！

文章中に何回も出てくる「キーワードとなる語句」や「論理展開を表す接続表現」は，文章の流れを素早く正確に把握する上で重要なので注目して読むようにしよう。以下に注意すべき接続表現，そして副詞・前置詞も併せて掲載する。

- ■ **順接**　and「そして」
- ■ **逆接**　but「しかし」, though「～だけれども」, however「しかしながら」, nevertheless「それにもかかわらず」, conversely「逆に」, still「それでもなお」, yet「だが」
  - It may rain; **nevertheless**, we will go on our trip.
  （雨が降るかもしれないが，それでも旅行には出掛けるつもりである）
- ■ **対比**　while「～の一方で」, on the other hand「他方では」, on the contrary「反対に」
  - He suffered a heavy loss, but **on the other hand** he learned a great deal from the experience.
  （彼は大きな損失をこうむったが，一方その経験から学んだものも大きかった）
- ■ **理由**　because / since / as「～なので」, for「～のために」
- ■ **結果・結論**　after all「結局」, accordingly「従って」, consequently「その結果（として）」, as a result「結局」, therefore「それゆえに」, hence「この理由で」, thus「こうして」, so「だから」
  - She was asked to go, and **as a result** she left.
  （彼女は行くように頼まれ，結局出掛けたのである）
  - The cup can be used repeatedly and **therefore** is friendly to the environment.
  （そのカップは繰り返し使えるので環境にやさしい）
- ■ **展開**　furthermore「その上」, besides「さらに」, first(ly)「第一に」, second(ly)「第二に」, then「それから」, next「次に」, finally「最後に」, first of all「まず第一に」, also「さらに」, what is more「さらに」, moreover「その上」
  - This book is instructive; **moreover** it isn't expensive.
  （この本はためになる，それに値段は高くない）
  - I have two main reasons for loving him; **first** he is kind, and **second** he is intelligent.
  （彼のことが好きなのには2つの主な理由がある。第一に親切であり，第二に聡明だからである）

熟語4　go through ～　～を経験する　　(just) in case ...　…するといけないから　　make up for ～　～の埋め合わせをする

■ **例示・言い換え**　for example / for instance「例えば」, as「～のように」, such as「～のような」, that is「すなわち」, briefly / in brief / in short「要するに」, in other words「言い換えれば」

- He is a man of talent; **for instance**, he can speak five foreign languages.
 （彼は才能豊かな人です。例えば彼は5つの外国語を話せます）
- Mike has been to several countries in Asia, **such as** Thailand, Korea and China.
 （マイクはタイ，韓国，中国のようなアジアの国々を訪れたことがある）
- Kenji does not eat meat or fish. **In other words**, he is a vegetarian.
 （ケンジは肉や魚を食べない。言い換えると菜食主義者ということだ）

■ **そのほか**　as a matter of fact「実のところは」, actually / in fact「実際」, in any case「とにかく」, incidentally「ところで，ついでながら」, of course「もちろん」, on the whole「概して」, instead「その代わりに」, otherwise「もしそうでなければ，そのほかの点では」

- He has a quick temper, but **otherwise** he is a man of character.
 （彼は短気だが，ほかの点では立派な人物である）

ポイント2　言い換え表現を見破ろう！

　同じことを述べていても，本文と選択肢では別の表現が用いられていることが多い。この言い換えを見破れるようになることが，正解率アップのための極意である。

---

all A do is do　Aがすることは～だけである　　a piece of cake　楽にできること　　above all　何よりも

Working for the Future

Most people in the United States, in theory, work on average eight hours a day, five days a week. In truth, though, many people work much longer than this. Indeed, according to one survey, 86 percent of men and 67 percent of women work more than this each week. And although the five-day workweek is standard, some experts say it makes more sense for people to only work four days and enjoy a three-day weekend each week.

According to supporters of the four-day workweek, reducing the number of days people work has many advantages. Because employees have three days in which they can rest, they tend to be healthier and more hardworking when they are at work. Moreover, they take fewer holidays from work to do things like visiting the doctor or the bank. Another advantage is that employers can close buildings for the day and save money on lighting and heating. This is also better for the environment. In addition, people do not need to travel to work as much, and this reduces car use.

(1) What is true about many people in the United States?
 1 They want to work over eight hours per day but are not allowed to.
 2 They work much longer than what is thought to be average.
 3 They are able to take at least three days off every week.
 4 They are being asked to take more days off during the week.

(2) What is one thing that happens when people have a four-day workweek?
 1 They take fewer days off for things like medical appointments.
 2 They have trouble getting back on schedule after the long weekend.
 3 Companies cannot get their employees to work hard at the office.
 4 Companies are able to sell buildings that are not being used.

(2014年度第2回より一部抜粋)

解説 第 1 段落第 1 文の in theory「理屈上は」と対比する形で，第 2 文は In truth, though「しかし実際は」と始まり，現実の仕事時間はもっと長いことを示している。ここから (1) の正解は **2** だとわかる。第 3 文は Indeed「事実」で初めて具体的なデータを示し，段落最後の文は although「〜だが」を使い，five-day workweek より work four days の方が良いという提案を述べ，次の段落の展開を暗示している。

第 2 段落は four-day workweek の表現を使って前段落を受け，週 4 日労働制の利点を説明している。第 2 文に続いて第 3 文も Moreover「さらに」と利点を述べており，(2) の正解はこの内容と一致する **1** になる。（本文）holidays →（選択肢）days off，（本文）visiting the doctor →（選択肢）medical appointments の言い換えに注意。なお，第 4 文以降も，Another advantage is / This is also better / In addition という書き出しに続いて利点が列挙されている。

解答：(1) **2** (2) **1**

訳

未来のために働く

アメリカ合衆国のほとんどの人々は，理屈上は平均して 1 日 8 時間，週 5 日働いている。しかし実際には，多くの人々がこれよりもはるかに長い時間仕事をしている。事実，ある調査によると，男性の 86 パーセントと女性の 67 パーセントが毎週これ以上の時間，働いている。また，週 5 日勤務が標準であるものの，何人かの専門家は毎週 4 日だけ仕事をして 3 日の週末を楽しむ方がより理にかなっていると言うのである。

労働週 4 日制の支持者によると，仕事をする日数を減らすことには多くの利点がある。従業員は休める日が 3 日あるので，仕事中はより健康的でより一生懸命働く傾向にある。さらに，医者や銀行に行くことなどをするために仕事を休む日が減る。もう 1 つの利点は，雇用主が増えた休日に建物を閉鎖し，光熱費を節約できることだ。これは環境に良いことでもある。その上，それほど多く仕事に行く必要がなくなるので，車の使用も減少する。

(1) アメリカ合衆国の多くの人々に当てはまることは何か。
 1 1 日 8 時間以上働きたいが，それが許されていない。
 2 平均的だと考えられているよりもはるかに長時間働いている。
 3 毎週少なくとも 3 日間休むことができる。
 4 1 週間にもっと多く休日を取るよう求められている。

(2) 労働週 4 日制のとき人々に起こることは何か。
 1 病院の予約などのことで休みを取ることが減る。
 2 長い週末の後，スケジュール通りに戻るのに苦労する。
 3 企業は従業員を職場で一生懸命働かせることができない。
 4 企業は使用されていない建物を売ることができる。

次のページからは練習問題。ここで学んだことを使って問題を解いてみよう！

bound for 〜　〜行きの　　break into 〜　〜へ（不法に）押し入る　　break up 〜　（関係・友情などが）壊れる

16日目 練習問題

次の英文[A], [B]の内容に関して，(1)から(8)までの質問に対して最も適切なもの，または文を完成させるのに最も適切なものを1, 2, 3, 4の中から一つ選びなさい。

[A]

From: Nancy Harris <nancy.harris@key1tech.net>
To: Samuel Paulson <samuelp@summittower.com>
Date: August 26, 2016
Subject: Re: Tenant Leases

Dear Mr. Paulson,

Thank you for sending me the details of your office vacancies at Summit Tower. I must say the rates are a little high for some floors. However, I do admit you have excellent facilities. I especially like the fact the offices there look out over the city. They would impress customers that visit us. Ours have been redecorated, but they still don't look as nice as yours.

The space you offered on Floor 43 is quite reasonable. You offered 5-, 7- and 10-year terms. However, we don't want an agreement over so many years. We might want to change our location in the near future so we'd like something shorter. We would like to negotiate a lease that has a maximum of 2 to 3 years. We would be willing to move in immediately after closing a deal—if the lease has that wording.

We also may be willing to pay a somewhat higher monthly rate for a lease with such a reduced term.

Please e-mail me back at your convenience with your thoughts on this. After that, we could speak about it in person.

Regards,
Nancy Harris
CEO
Key 1 Technologies

☐☐ **(1)** Why does Summit Tower appeal to Nancy Harris?
   1 It has low vacancy rates.
   2 Her customers also have offices there.
   3 She thinks it is in a good location.
   4 Its service staff has a good reputation.

☐☐ **(2)** What problem does Nancy Harris mention concerning the lease?
   1 Its price is too high for her company.
   2 The time commitments available are too long.
   3 Its closing date is too far in the future.
   4 The wording in the contract is a little unclear.

☐☐ **(3)** What does Nancy Harris suggest to Mr. Paulson?
   1 She may continue with her current lease.
   2 She may discuss leases with a different company.
   3 She may pay more for better lease terms.
   4 She may ask for yearly instead of monthly rates.

解答・解説

発信人：ナンシー・ハリス <nancy.harris@key1tech.net>
宛　先：サミュエル・ポールソン <samuelp@summittower.com>
日　付：2016 年 8 月 26 日
用　件：Re: テナント賃借契約

ポールソン様,
　サミットタワーの空き事務所の詳細をお送りいただき，ありがとうございます。いくつかの階は賃貸料が少し高いと言わざるを得ません。しかし，優れた施設をお持ちだということは全くその通りです。特にそこの事務所から街を見渡せるという点が，私は気に入っています。当社を訪ねてくる顧客に感銘を与えることでしょう。当社事務所は改装されましたが，そちらの物件ほどには立派に見えません。
　勧めていただいた 43 階のスペースは，値段が本当に手ごろです。あなたは，5 年，7 年，および 10 年の契約期間を提案なさいました。しかし，私たちはそれだけの長期にわたっての契約は望みません。近い将来，弊社は移転する必要が出てくるかもしれませんので，もう少し短期間のものを望みます。最長 2 〜 3 年の賃借で話し合いをしたいと思います。賃借契約にその文言を入れていただけましたら，契約締結後すぐに入居したいと思います。
　また，もし期間を減らして賃借できるのでしたら，毎月の家賃がある程度高くなっても払うつもりもございます。
　この件に関するあなたのお考えを，ご都合のよろしいときに E メールでお送りください。それから直接話し合いをしたいと思います。
敬具

ナンシー・ハリス
CEO
キーワンテクノロジーズ

NOTES

☐ rate　料金, 価格

☐ maximum　最大限

熟語⑦　for long　長い間　　for good（and all）　永久に　　go ahead with 〜　〜を進める

(1) 解答 **3**

ナンシー・ハリスはなぜサミットタワーを気に入っているのか。
1 そこは空室率が低い。
2 彼女の顧客の事務所もそこにある。
3 それが良い立地条件にあると彼女は思っている。
4 そこのサービス・スタッフの評判が良い。

解説 第1段落第3文で，ナンシーは提供されている物件を excellent facilities であると言い，続く文で具体的に，「街を見渡せる」点を挙げている。つまり「立地が良い」（good location）点が気に入ったのである。

(2) 解答 **2**

ナンシー・ハリスは賃借契約に関してどのような問題に言及しているか。
1 彼女の会社にとって値段が高過ぎる。
2 利用できる契約義務期間が長過ぎる。
3 締め切り日があまりにも先過ぎる。
4 契約の文言が少し不明瞭である。

解説 選択肢 **1** に引っ掛からないよう注意。第1段落第2文に the rates are a little high for some floors とあるが，第2段落第1文で，勧められた43階のスペースは reasonable「値段が手ごろだ」と言っている。第2段落第2文以降を読めば，契約期間が長過ぎることが問題であるとわかる。

(3) 解答 **3**

ナンシー・ハリスは，ポールソン氏に何を提案しているか。
1 彼女は現在の賃借契約を継続するかもしれない。
2 彼女は別の会社と賃借契約について話し合うかもしれない。
3 彼女はより望ましい賃借期間に対してより多くの金額を払うかもしれない。
4 彼女は月ぎめの代わりに1年単位の賃借料を求めるかもしれない。

解説 第3段落の内容が選択肢 **3** と合致する。a reduced term → better lease terms の言い換えに注意。term「（契約）期間」がキーワードだが，この単語の意味を知らなくても，第2段落第2文での使い方から推測可能だ。

---

hold up ～　（交通・生産など）を遅らせる　　in detail　詳細に　　in place of ～　～の代わりに

[B] Bat Sonar

Just as ships use sonar, or sound waves, to "look" underwater, bats use sonar to "see" in the dark. There are many differences between bat and ship sonar, however. Bat sonar (technically known as echolocation) has a shorter range but may actually be more complex than ship sonar. That is because bat sonar precisely guides the animal's smallest motions in a way ship sonar cannot.

Sonar relies on "the Doppler Shift," which is the effect motion and distance have on sound waves. The Doppler Shift can be explained by imagining the sound of an ambulance's siren. When an ambulance passes by, the pitch of the siren increases as it gets closer and, correspondingly, the pitch decreases when it is moving further away.

Bats also use the Doppler Shift effectively. They send out a sound wave that hits objects or animals before returning. This returning wave gives the bat information about its position in relation to obstacles, animals, or insects. The bat's brain processes the information from this wave and the bat adjusts its flight to avoid the obstacles or move toward the insects. Microseconds after that, it sends out a second sound wave. The second wave will include the bat's new relative position—based on information from the first wave. The third wave will include information from the second, and so on. A flying bat will normally send out a huge number of sound waves separated only by microseconds. Each new wave includes information from previous waves. This keeps the bat flying on target because it adjusts its flight based on information from each returning wave.

The speed of this process is far beyond the ability of the bat to consciously manage. The bat does not "decide" to send out sound waves, receive returning waves, and adjust its flight accordingly. The bat's central nervous system—its unconscious brain—processes this. The unconscious part of the brain analyzes the information returning to the bat's body to guide its flight. No conscious thought is necessary. Therefore, sonar-guided flight is as natural for bats as vision-guided walking is for humans.

☐☐ **(4)** When comparing ship sonar and bat sonar, it can be seen that
  1 ship sonar provides better echolocation.
  2 ship sonar is a more complicated instrument.
  3 bat sonar has a somewhat longer range.
  4 bat sonar is a more accurate system.

☐☐ **(5)** According to the passage, what is one thing bats use their sonar for?
  1 To help them catch insects.
  2 To enable them to escape from dangerous animals.
  3 To help them find places to nest.
  4 To meet other bats during the reproduction season.

☐☐ **(6)** What does the passage say about bats' sound waves?
  1 Each new one is more powerful than past ones.
  2 Each new one is processed quicker than past ones.
  3 Each new one includes data from past ones.
  4 Each new one goes in the same direction as past ones.

☐☐ **(7)** In what way are bat flight and human walking similar?
  1 Both occur without active thinking.
  2 Both require strong physical ability.
  3 Both use exactly the same part of the brain.
  4 Both can speed up or slow down as necessary.

☐☐ **(8)** Which of the following statements is true about bat sonar?
  1 It is a nervous-system process very similar to human hearing.
  2 It is a process that occurs naturally in the nervous system.
  3 It shows that bats are less intelligent than humans.
  4 It proves that sound is more efficient than vision.

in the distance 遠くに　　in the meantime その間に　　in the middle of 〜 〜の最中で

NOTES

□ sound wave　音波

□ pitch　音の高さ

□ obstacle　障害物
□ microsecond
　100万分の1秒

□ consciously　意識して

解答・解説

コウモリのソナー

　ちょうど船が水中で「見る」ために，ソナーつまり音波を使用するように，コウモリは暗闇の中でも「見える」ようにソナーを使用する。しかし，コウモリと船のソナーの間には多くの違いがある。コウモリのソナー（専門的には，反響定位と呼ばれる）は範囲がより狭いが，実は船のソナーより複雑かもしれないのだ。というのも，コウモリのソナーは船のソナーにはできないような方法で，動物のごく小さな動作を正確に教えるからである。

　ソナーは，「ドップラー偏移」，すなわち運動と距離が音波に与える効果に依存している。ドップラー偏移は，救急車のサイレンの音を想像することで説明できる。救急車が通り過ぎるとき，救急車が近づくに従って，サイレンの音の高さは高くなっていき，また同様に，救急車が遠ざかるに従って，音の高さは低くなっていく。

　コウモリもまた，効果的にドップラー偏移を利用している。彼らは音波を出し，音波は物体または動物に当たってから戻ってくる。この戻ってくる音波はコウモリに，障害物，動物または昆虫との相対的な位置情報を与える。コウモリの脳はこの音波からの情報を処理し，自分の飛び方を調節して障害物を避けたり，昆虫へ向かったりする。その100万分の1秒単位の時間差で，コウモリは第2の音波を送る。第2の音波には，第1の音波の情報に基づいた，コウモリの新しい相対的位置の情報が含まれている。第3の音波には第2の音波からの情報が含まれている，というように続いていく。飛んでいるコウモリは通常，わずか100万分の1秒単位の間隔で膨大な数の音波を送り出している。それぞれの新しい音波は，過去の音波からの情報を含んでいる。戻ってくるそれぞれの音波からの情報に基づいて自分の飛行を調節するので，コウモリは目標に向かって飛び続けることができる。

　この処理の速度は，コウモリが意識的に行える能力をはるかに超えている。コウモリは音波を送り，戻ってくる音波を受け取り，それに従って飛び方を調節することを「決定している」わけではない。コウモリの中枢神経系──無意識の脳──がこれを処理するのである。脳の無意識の部分は，コウモリの体に戻ってきた情報を分析し，その飛び方を誘導する。意識的な思考は必要ない。従って，ソナーに誘導されたコウモリの飛行は，視力に誘導された人間の歩行と同様に，自然なことなのである。

熟語⑨　in use　使われて　　keep *one's* word［promise］　約束を守る　　lay down ～　～を規定する

(4) 解答 **4**

船のソナーとコウモリのソナーを比較するとわかるのは
1 船のソナーの方がより優れた反響定位を提供する。
2 船のソナーの方がより複雑な器具である。
3 コウモリのソナーの方が範囲がいくらか広い。
4 コウモリのソナーの方がより正確なシステムである。

解説 第1段落では船のソナーを引き合いに出し，コウモリのソナーの特徴を説明している。最後の文に bat sonar precisely guides ... in a way ship sonar cannot とある。

(5) 解答 **1**

文章によれば，コウモリがソナーを使用する目的の一つは何か。
1 虫を捕らえるのに役立てるため。
2 危険な動物から逃れることを可能にするため。
3 自分たちが巣を作る場所を見つけるのに役立てるため。
4 繁殖期にほかのコウモリに会うため。

解説 第3段落に，コウモリがソナーを使う目的に関する具体的な記述があり，第4文中の the bat adjusts its flight ... move toward the insects の部分から正解がわかる。move toward the insects → catch insects の言い換えに注意。

(6) 解答 **3**

文章には，コウモリの音波について何と書いてあるか。
1 それぞれの新しい音波はその前のものより強力である。
2 それぞれの新しい音波はその前のものより速く処理される。
3 それぞれの新しい音波はその前のもののデータを含んでいる。
4 それぞれの新しい音波はその前のものと同じ方向に行く。

解説 第3段落はコウモリの送る音波の具体的な解説となっている。こうした科学的な文を，イメージとして素早くとらえられるよう日ごろから基礎知識を得ておきたい。正解は第6〜第7文からわかる。

(7) 解答 **1**

コウモリの飛行と人間が歩くことは，どのような点で類似しているか。
1 両方とも能動的に考えることなく起こる。
2 両方とも強い身体的能力を必要とする。
3 両方とも脳の全く同じ部分を使用する。
4 両方とも必要に応じて加速したり減速したりできる。

解説 第4段落は，コウモリが音波情報の処理を無意識に行っているという内容で，最後の文で前文 No conscious thought is necessary. を Therefore「従って」で受け，コウモリのソナーによる飛行は，人間の歩行同様に自然だと述べている。

(8) 解答 **2**

以下の記述のうちコウモリのソナーについて当てはまるのはどれか。
1 それは人間の聴覚に非常によく似た神経系処理過程である。
2 それは神経系において自然に起こる処理過程である。
3 それはコウモリが人間ほど知的でないことを明らかにする。
4 それは音が視覚より効率的であるということを証明する。

解説 第4段落第3文でソナーの情報処理が central nervous system で行われるとある。同段落の内容から，この処理は「無意識に」「自然に」起こることがわかる。そのほかの選択肢の内容に一致する記述はない。

lay off 〜　〜を一時的に解雇する　　look up to 〜　〜を尊敬する　　major in 〜　〜を専攻する

17日目

英作文問題を攻略！②

今日の目標

英作文問題では100語以内でまとまった文章を書くことになるが，ひとつひとつの文の正確さ自然さだけではなく，文章全体についても評価される。文と文がうまくつながっているか，同じ表現が使われずにバリエーションのある文になっているかどうかなどに留意したい。それぞれのポイントについて詳しく学ぼう。

ポイント1　接続表現を適切に使おう！

8日目でも述べた通り，英作文は「序論」，「本論」，「結論」の3部構成で書くことが大事である。それぞれの論の変わり目で，つながりを示す接続表現を使うことで文章の構成をはっきりさせることができる。また，本論で理由を複数示す場合にも，列挙や追加を示す接続表現を利用すると効果的である。結論では In conclusion, So などの結論を導く表現を使うとよい。

> 序論　I think sending *nengajo* is a good habit.
> 　　　[In my opinion, sending *nengajo* is a good habit.]
> 本論　【理由1】**First(ly)** [To begin with], …
> 　　　【理由2】**Second(ly)** [In addition, Moreover, Also], …
> 結論　**In conclusion** [To conclude, In summary, To summarize, So], …

ポイント2　パラフレーズ（書き換え）のテクニックを使いこなそう！

英語では同じ表現を繰り返して使うことを避ける傾向がある。また，TOPICで示された英文を序論に，また序論の意見を結論にそのまま使うのでなく，バリエーションを持たせるためにパラフレーズ（paraphrase）することが重要である。パラフレーズの基本的なテクニックとして，特に次の2つのポイントを覚えておこう。

① 類義語を使う書き換え

■ Sending *nengajo* is a good habit.　→ Exchanging *nengajo* is a great tradition.

この例では send→exchange, good→great, habit→tradition の書き換えが行われている。文脈を考え，意味が大きく変わらないように注意しよう。

② 主語を変える＝文の構造を変える書き換え

■ We should preserve the tradition of sending *nengajo*.
→ The tradition of sending *nengajo* should be preserved.（→受動態）

■ Sending *nengajo* is a good habit.　→ It is a good habit to send *nengajo*.（→形式主語）

主語と目的語を入れ替えて「能動態⇔受動態」を使ったり，「形式主語」を用いたりすることで意味を変えずにパラフレーズすることが可能である。

熟語10　make time　時間をこしらえる　　make up ～　～を構成する　　near and far　あちらこちらを

【8日目・17日目のまとめ】

8日目の「メモ例」と17日目の「序論」「本論」「結論」をまとめると，下記のような「解答例」ができる。英文全体の構成，接続表現，書き換え等を見て，自分の作文の参考にしてみよう。

TOPIC: Do you think sending *nengajo* is a good habit?
POINTS: Friendship / Tradition / Cost
解答例: In my opinion, it is a good habit to send *nengajo*, so we should preserve the tradition. First, through *nengajo*, we can keep in touch with old friends. Even if we do not get together for a long time, we can tell each other how we are by sending a card. Second, writing *nengajo* at the end of the year is enjoyable. It is a lot of fun to make them look nice by adding pictures of our family and pets. In conclusion, I believe exchanging *nengajo* is a great habit, so this tradition should be preserved.　（97語）

訳
TOPIC：年賀状を送ることは良い習慣だと思いますか。
POINTS：友情／伝統／費用
　私の意見は，年賀状を送ることは良い習慣なので，この伝統を守るべきだと思います。まず，年賀状を通じて，旧友たちと連絡を保つことができます。長い間会うことがなくても，年賀状を送ることでお互いの様子を伝えることができます。さらに，年末に年賀状を書くことは楽しいことです。家族やペットの写真を載せて，年賀状をきれいに見せることはとても楽しいです。結論を言うと，年賀状を交換することはとても良い習慣なので，この伝統は守られるべきだと信じています。

例題
- 以下の **TOPIC** について，あなたの意見とその理由を2つ書きなさい。
- **POINTS** は理由を書く際の参考となる観点を示したものです。ただし，これら以外の観点から理由を書いてもかまいません。
- 語数の目安は80語〜100語です。

TOPIC
Today, some companies allow their employees to wear casual clothes like jeans or T-shirts. Do you think the number of such companies will increase in the future?

POINTS
- *Business culture*
- *Comfort*
- *Fashion*

解答 I think that more companies will allow employees to wear clothes like jeans or T-shirts. By doing so, they can make their workers happy. These clothes are more comfortable than dress clothes, so workers will be more relaxed and able to enjoy their work. Second, many companies want to help the environment. If employees are allowed to wear casual clothes, they will be cooler. Because of this, companies won't have to use air conditioners as much, which will reduce the amount of energy used. So, more companies will allow employees to wear casual clothes to work.　（96語）

（2016年度第1回）

on the contrary　それどころか　　(every) once in a while　時々　　one (〜) after another [the other]　次々と

訳　TOPIC　今日，従業員がジーンズやTシャツのようなカジュアルな服を着ることを許可する会社があります。将来，このような会社の数が増えると思いますか。
POINTS　●企業文化　●快適さ　●ファッション

さらに多くの会社が，従業員がジーンズやTシャツのようなカジュアルな服を着ることを許可すると思います。これを行うことによって，働く人たちを喜ばすことができます。これらの服装はスーツより快適です。従って，働く人たちはより気持ちが落ち着き，自分たちの仕事を楽しむことができます。次いで，多くの会社が環境の役に立ちたいと考えています。もし，カジュアルな服装を着ることが許されれば，従業員たちはより涼しくいられます。これによって，会社はエアコンを今ほど使う必要がなくなり，これがエネルギー使用量の軽減につながります。そのため，さらに多くの会社が従業員がカジュアルな服を着て働くことを許すでしょう。

解説　この問題では，「将来従業員のカジュアルな服装を許す会社が増えるか」についての意見を求められている。解答では「もっと増える」の立場を取り，その理由としてPOINTSの「快適さ」と「環境への貢献」の2つの観点を利用して述べている。

■序論
　書き出しはI think ~ を用いている。これに続けてTOPICの冒頭の文を利用して，more companies を主語にしてパラフレーズしている。
　TOPIC の Do you think the number of ... will increase in the future? は今後も出題が予想されるので，more [less] ~ will ... とパラフレーズできることを覚えておきたい。

■本論
　本論では理由を2つ述べる必要がある。
　1つ目の理由は，By doing so, they can make their workers happy. の1文で導かれている。ここではFirstなどの接続表現は使っていないが，「こうすることで，会社は働く人たちを喜ばすことができる」とし，この後，具体的な説明を展開している。末尾のhappyが示す内容は，workers will be more relaxed and able to enjoy their work「（カジュアルな服装はスーツよりも快適で）働く人々はより気持ちが落ち着き，自分の仕事を楽しむことができる」と述べられている。これはPOINTSの「快適さ」の観点で，従業員側の利点を挙げている。
　2つ目の理由はSecondで始まる文で示されている。これに続けてmany companies want to help the environment「多くの会社が環境（保護）の役に立ちたいと思っている」と述べ，その方策として「省エネルギー」を実践することを挙げている。省エネルギーについては，Because of this, companies won't have to use air conditioners as much, which will reduce the amount of energy used.「（従業員はカジュアルな服装で涼しくいられるので）会社はエアコンをそれほど多く使う必要がなくなり，これがエネルギー使用量の削減につながる」と具体的に述べている。

■結論
　接続詞のSoを置き，前文までの内容を受けて「そのため，…」とまとめている。Soに続けて，序論の文を少し書き換えて自分の意見を強調している。末尾のto workは「カジュアルな服を着て働く」の意味の不定詞の副詞用法である。

次のページからは練習問題。ここで学んだことを使って問題を解いてみよう！

熟語11　refer to ~　~を参照する　　pick out ~　~を選び出す　　point out ~　~を指し示す

17日目 練習問題

目標時間 20 分

- 以下の **TOPIC** について，あなたの意見とその理由を 2 つ書きなさい。
- **POINTS** は理由を書く際の参考となる観点を示したものです。ただし，これら以外の観点から理由を書いてもかまいません。
- 語数の目安は 80 語〜100 語です。

TOPIC

Some supermarkets have begun to charge people for plastic bags. Do you think this is a good idea or not?

POINTS
- *Environment*
- *Cost*
- *Convenience*

解答欄

---

pull off 〜　〜をやってのける　　put out 〜　（火・明かりなど）を消す　　reach out for 〜　〜をつかもうとして手を伸ばす

解答・解説

NOTES
- charge ~に（料金を）課する
- plastic bag ビニール袋
- nowadays 最近
- garbage ごみ
- include ~を含む
- reduce ~を減らす
- purchase 購入物
- additionally さらに，加えて
- environment 環境
- do *one's* shopping 買い物をする
- to conclude 結論を言うと

解答例

Nowadays, there is too much plastic garbage in the world, including bags from supermarkets. Charging money for them is a good way to reduce the problem. One reason is that this charge will make some people bring their own bags to the supermarket for their purchases. This is because people try to save money, even if it is just a little. Additionally, people can feel they are helping to save the environment when they do their shopping. This will make them feel good. To conclude, I believe charging money for plastic bags at the supermarket is a great idea. （99語）

TOPIC
いくつかのスーパーマーケットではビニール袋を有料にし始めました。これは良い考えだと思いますか，悪い考えだと思いますか。
POINTS
●環境
●価格
●利便性

解答例
ここ最近，スーパーマーケットのビニール袋も含めて，世界にはプラスチックのごみが多過ぎます。スーパーマーケットの袋を有料にすることはこの問題を減らすのに良い方法だと思います。一つの理由は，この料金によって自分の購入するもののために自分の袋をスーパーに持ってくるようになる人がいるということです。これはわずかであっても人々がお金を節約しようとするからです。さらに，人々は買い物をしているとき環境を守る手助けをしていると感じることができます。このため彼らは気分が良くなります。結論として，スーパーでビニール袋を有料にすることはすばらしい考えだと信じています。

熟語12　pass by ~　~を素通りする　　show off ~　~を見せびらかす　　show up　現れる

解説

> この問題では，「スーパーマーケットで購入物を持ち帰るためのビニール袋を有料にすることの是非」についての意見を求められている。解答例では「賛成」の立場を示し，「価格」と「感情」の観点から理由を挙げている。

■序論
　冒頭で一般論として「プラスチックのごみ」が多いことを述べ，その中にスーパーマーケットで配布されるビニール袋が含まれていることを指摘している。その後，有料であればビニール袋の使用量が減り，ごみの減量にも貢献するという論旨から，Charging money for them is a good way to reduce the problem.「スーパーマーケットの袋を有料にすることはこの問題を減らすのに良い方法である」と述べている。ここでは序論が2文で構成されている。
　動詞のchargeはcharge A for Bの形で①「B（商品）のためにA（金額）を請求する」という意味と，②「B（商品）のためにA（人）に請求する」という意味を表し，解答例は①の用法「ごみ袋に代金を請求する」，TOPICは②の用法「ごみ袋の代金を人々に請求する」である。このように，序論ではTOPICの文をそのまま使うのではなく，できるだけパラフレーズすることを心掛けたい。

■本論
　1つ目の理由は「価格」の観点から述べている。this charge will make some people bring their own bags「有料にすると自分の袋を持ってくるようになる人がいる」と述べ，This is because people try to save money, even if it is just a little.「その理由は少しでもお金を節約しようとするためである」としている。最初の文のthis charge「この料金」は無生物主語で，これに使役動詞のmakeを伴って「この課金は人々を〜させる＝この課金のために人々は〜する」という文構造である。また，This is because ... も「理由」を表す際には広く利用できる表現である。
　2つ目の理由は「感情」の観点から述べている。環境問題について耳にすることが多い昨今，「マイバッグ」を持って買い物をすることで，people can feel they are helping to save the environment「環境を守る手助けをしていると感じられる」，This will make them feel good.「このため，彼らは気分が良くなる」という論旨である。
　この本論では，One reason is that ... と Additionally, ... を使って2つの理由を明確に述べている。
　ほかの理由として，「環境」の観点から，If people use their own bags for shopping, the amount of plastic garbage can be reduced.「買い物の際にマイバッグを使えば，ビニールごみの量が減らせる」，This is just a small step but surely a step forward to help the environment.「小さいことではあるが環境を守るための確実な一歩前進である」と述べることもできるだろう。

■結論
　結論を導く語句として To conclude を使っている。同様に名詞形を使った In conclusion も押さえておこう。ここでは，結論は序論の2つの文を1つにまとめて記している。また，I believe を使えば，自分の主張をさらに強調することができる。

■『反対』の立場ならば
　「利便性」の観点から，If supermarkets charge money for plastic bags, it is troublesome to carry our own bags every day just to save money.「スーパーでビニール袋が有料になったら，節約するだけのために常にマイバッグを携帯するのは面倒である」などを理由にすることができるだろう。

☐ troublesome
　面倒な

stand in for 〜　〜の代理を務める　　stand out　目立つ　　take away 〜　〜を持ち去る

18日目

筆記	1	2	3	4
リスニング	1	2		

学習した日　月　日

会話の内容一致選択問題を攻略！②

今日の目標

ここでは，リスニング第1部の会話で用いられるパラフレーズと会話表現を扱う。パラフレーズとは「言い換え」のことで，放送文と質問文・選択肢との間で異なる単語や表現を用いて同じ内容を表し，受験者が本当に内容を理解しているかを試している。また，会話に特有の表現も覚えよう。

ポイント1　パラフレーズ（言い換え）に注意しよう！

　放送文の語句と質問文や選択肢の語句が同一の問題の場合には，対応関係がわかりやすいので簡単に解答できることが多い。しかし，ほかの語句や表現にパラフレーズ（言い換え）されている問題の場合には，放送文の内容を正しく理解していなければ，解答するのが難しくなってしまう。

　パラフレーズには，**①単語・熟語を別の同義語（句）に言い換えている場合**，**②一つの事柄を異なる視点からの表現で言い換えている場合**（能動態⇔受動態，肯定⇔否定，具体的な表現⇔抽象的な表現など）などがある。特に第1部では，最も単純なパラフレーズである，「単語・熟語の言い換え」が多い。

　以下は，第1部の問題で実際に出題されたパラフレーズの例である。

例① 単語・熟語のパラフレーズ
「熱帯魚を買う」を異なる表現で言い換え
（放送文）getting some tropical fish → （選択肢）Buying tropical fish.

例② 異なる視点からのパラフレーズ
（放送文）I couldn't concentrate ...「集中できなかった」
→ （選択肢）He was disturbed ...「彼は邪魔された」
（放送文）they won't take cans today「彼ら（行政）は今日缶を回収しないだろう」
→ （選択肢）He cannot throw away cans today.「彼は今日缶を捨てられないだろう」

熟語13　turn on ～（電灯など）をつける　　back up　～を裏付ける証拠を挙げる　　be used [accustomed] to ～　～に慣れている

ポイント2　よく出る会話表現をチェックしよう！

第1部の会話でよく出る「依頼」「許可」「勧誘」と，それに対する応答の表現を覚えよう。これらを覚えれば，リスニングがしやすくなるはずだ。

①「依頼する」→「承諾」「断り」

Will you open the window? It's hot in here. — **Sure**.
（窓を開けて**くれますか**。ここは暑いです。— **いいですよ**）
Can you give me your e-mail address? — **Why not?**
（メールアドレスを教えて**いただけますか**。— **もちろん**）
Would you please carry this suitcase for me? — **Certainly**.
（このスーツケースを運んで**いただけますか**。— **かしこまりました**）
Could you tell me the way to the station? — **Sorry**, I'm a stranger here.
（駅への道を教えて**くださいますか**。— **すみません**，ここは不案内なのです）

②「許可を求める」→「承諾」「断り」

Can I use your cell phone? — **No problem**.
（携帯電話をお借りしても**いいですか**。— **いいですよ**）
May I speak to Mr. Oka, please? — **I'm sorry, but** he's out right now.
（オカさんとお話し**できますか**。— **申し訳ありません**，ただ今外出中です）
Could I leave a message? — **Just a moment, please**.
（伝言を残しても**いいですか**。— **少々お待ちください**）
Do you mind if I smoke here? — **No, I don't mind**.
（ここでたばこを吸っても**いいですか**。— **はい，構いませんよ**）

③「勧誘する」→「承諾」「断り」

Shall we go to a movie tonight? — **Sounds great!**
（今晩映画を見に行き**ませんか**。— **いいですね！**）
How about getting together for lunch tomorrow? — **Sorry, but** I can't make it.
（明日ランチを一緒に**いかがですか**。— **残念ですが都合がつきません**）
Would you like to come to a party? — **With pleasure**.
（パーティーにいらっしゃい**ませんか**。— **喜んで**）
Why don't we go to see a baseball game on Sunday? — **I'd like to, but** I already have other plans.
（日曜日に野球を見に行き**ませんか**。— **そうしたいのですが**，ほかに予定があるのです）

次のページからは練習問題。ここで学んだことを使って問題を解いてみよう！

consist of ～　～から成る　　count on [upon] ～　～を当てにする　　look down on [upon] ～　～を見下す

18日目 練習問題

対話を聞き，その質問に対して最も適切なものを1, 2, 3, 4の中から一つ選びなさい。

☐☐ **No. 1**　1 He will buy a new motorcycle.
　　　　　　2 He will find another parking space.
　　　　　　3 He will cover the damage costs.
　　　　　　4 He will register for a new license.

☐☐ **No. 2**　1 It is cheap to backpack in Europe.
　　　　　　2 Europe is relatively safe to visit.
　　　　　　3 Her friend will meet her in Europe.
　　　　　　4 Europe is popular with backpackers.

☐☐ **No. 3**　1 Play the piano.
　　　　　　2 Have a free lesson.
　　　　　　3 Eat out at a restaurant.
　　　　　　4 See an Italian person.

☐☐ **No. 4**　1 Staying awake all night.
　　　　　　2 How to collect their mail.
　　　　　　3 Sending an important package.
　　　　　　4 Working out a budget.

☐☐ **No. 5**　1 He does not know where to go.
　　　　　　2 He does not have any coins.
　　　　　　3 He does not know how to use the ticket machine.
　　　　　　4 He bought the wrong ticket.

熟語14　make do with ~　（あり合わせのもの）で済ます　　not to mention ~　～は言うまでもなく　　only to *do*　結局は～して終わっただけである

☐☐ **No. 6**　**1** He is too tired.
　　　　　2 He would rather go shopping.
　　　　　3 He is too upset.
　　　　　4 It is going to rain.

☐☐ **No. 7**　**1** He is crossing a street.
　　　　　2 He is standing on the corner of a street.
　　　　　3 He is driving a car.
　　　　　4 He is walking with his friends.

☐☐ **No. 8**　**1** Ken's behavioral problems.
　　　　　2 Ken's passive attitude in class.
　　　　　3 Ken's academic performance.
　　　　　4 Ken's frequent absences.

☐☐ **No. 9**　**1** Bring back an item.
　　　　　2 Get another sweater.
　　　　　3 Receive a discount.
　　　　　4 Speak to the manager.

☐☐ **No. 10**　**1** About a week.
　　　　　2 About two weeks.
　　　　　3 Twenty days.
　　　　　4 About a month.

stick to 〜　〜をやり続ける　　take over 〜　（職・責任など）を引き継ぐ　　There is no point in *doing*　〜しても仕方がない

解答・解説

🔴 24〜33

No. 1 解答 3

☆：Excuse me, do you own this white sports car?
★：I do. Why?
☆：Well, you just bumped into my motorcycle when you parked. It has a long scratch on the side now.
★：Oh, I'm sorry. Please give me your name and license number. I'll arrange to pay for any damage.

Question: What did the man say?

☆：すみません，この白いスポーツカーはあなたのですか。
★：そうです。どうしてですか。
☆：ええと，あなたが駐車するときに私のバイクにぶつけたんです。それで側面に長い擦り傷が付きました。
★：ああ，ごめんなさい。お名前と運転免許番号を教えてください。私が損害のお支払いをするよう手配します。

質問：男性は何と言ったか。
　1 新しいオートバイを買う。
　2 別の駐車場を見つける。
　3 損害費用を負担する。
　4 新しい免許証を申請する。

解説 選択肢から乗り物に関するやりとりをしているのではないかと予測できる。選択肢 **3** が男性の2番目の発言と一致する。（放送文）arrange to pay for any damage →（選択肢）cover the damage costs の言い換えに注意しよう。

No. 2 解答 2

☆：Dad, I'm thinking of going backpacking in Europe this summer.
★：I don't think that's a good idea, Jenny. It could be dangerous.
☆：Do you really think so? I heard that Europe's crime rate is far lower than America's.
★：Maybe ... but I'd still like you to think more about it. I'm not happy with the idea of a girl backpacking alone.

Question: What does Jenny tell her father?

> backpacking「バックパッキング」とはリュックを背負ってする低予算の旅行のこと。

☆：お父さん，今年の夏にヨーロッパにバックパック旅行に行こうと思っているの。
★：それはあまり良い考えではないね，ジェニー。危険だもの。
☆：本当にそう思っているの？ ヨーロッパの犯罪率はアメリカよりもずっと低いと聞いたわ。
★：そうかもしれないが，それでももっとよく考えてもらいたいんだ。女の子が一人でバックパック旅行をしようなんて，私は安心できないよ。

質問：ジェニーは父親に何と言っているのか。
　1 ヨーロッパでのバックパック旅行は安い。
　2 ヨーロッパは訪れるには比較的安全である。
　3 彼女の友だちとヨーロッパで会うつもりだ。
　4 ヨーロッパがバックパック旅行者に人気がある。

解説 選択肢からは，ヨーロッパへの旅行の会話ではないかと推測できる。女性の2つ目の発言にある，Europe's crime rate is far lower than America's が選択肢 **2** では Europe is relatively safe to visit. と視点を変えた表現に言い換えられている。

146　熟語15　turn in 〜　〜を提出する　　turn out to be [that] 〜　〜だとわかる　　by the hour　時間決めで

No. 3 解答 3

★：Are you doing anything next Friday, Jane?
☆：Well, I have a piano lesson till six. But I'm free after the lesson.
★：Then can I see you sometime afterwards? Let's go out for dinner together. Do you like Italian food? I know a great place we could go to.
☆：I'd love to.

Question: What does the man suggest they do?

★：今度の金曜日に何か予定はある，ジェーン？
☆：ええ，6時までピアノのレッスンがあるわ。でも，レッスンの後は暇よ。
★：それじゃあ，その後どこかの時間で会えるかな？　一緒に夕食を食べに行こうよ。イタリア料理は好きかい？　良い店を知っているんだ。
☆：ぜひ。

質問：男性は彼らが何をすることを提案しているか。
1 ピアノを弾く。
2 無料のレッスンを受ける。
3 レストランで食事をする。
4 イタリア人と会う。

解説　男性が2番目の発言で，Let's go out for dinnerと女性を誘っている。さらにI know a great place we could go to.とも言っているが，このplaceはrestaurantを指している。

No. 4 解答 3

☆：Should we send the models and contracts by special delivery?
★：Yes, they need to get there as quickly as possible.
☆：In that case, overnight mail would be better, but it is more expensive.
★：Never mind the cost. They must get there tomorrow or our clients will cancel the order.

Question: What are they discussing?

☆：その見本と契約書を速達で送った方がいいのかしら。
★：うん，できるだけ早くそこに届く必要があるんだ。
☆：それなら翌日配達便がいいけれど，もっと高くなるわ。
★：お金は気にしなくていいよ。明日には届かなくてはならないんだ，じゃないと取引先が注文をキャンセルしてしまうよ。

質問：彼らは何を話しているか。
1 徹夜をすること。
2 郵便物の収集方法。
3 重要な小包を送ること。
4 経費を計算すること。

解説　選択肢からはポイントが絞りづらい。by special delivery「速達で」やovernight mail「翌日配達便」などをしっかり聞き取ろう。男性のthey need to get there as quickly as possibleやNever mind the cost.といった表現が，送るものが重要であることを示している。

know better than to *do*　～するほど愚かではない　　occur to ～　（考えなどが）～の心に浮かぶ　　so *A* as to *do*　～するほど *A* で

解答・解説

No. 5 解答 **3**

★：Here's the ticket machine. Now what do I do?
☆：Just press your destination button, George. Where do you want to go?
★：I'm going to Ginza, so I need to spend ... 200 yen?
☆：Right. Now insert the coins, like this.

Question: What is George's problem?

★：ここに切符販売機があるね。さてどうやるのかな。
☆：目的地のボタンを押すだけでいいのよ、ジョージ。どこに行きたいの？
★：銀座に行くつもりなんだ、それで、200円を使う必要があるんだね？
☆：そうよ。そうしたら硬貨を入れるのよ、こんなふうに。
質問：ジョージの問題は何か。
 1 どこに行ったらいいのかわからない。
 2 硬貨を持っていない。
 3 切符販売機の使い方がわからない。
 4 違う切符を買ってしまった。

解説 選択肢 **3**, **4** から、切符売り場での会話ではないかと推測できる。男性の最初の発言から販売機の前で戸惑っている様子や、女性が販売機の使い方を説明している点から、正解を判断する。

No. 6 解答 **4**

★：I'm really tired of all this rain.
☆：It's been forecast for the rest of the week, too.
★：Well, I guess I'll have to cancel playing golf tomorrow.
☆：That sounds like a smart idea. Actually, we are starting to run out of food and supplies, so going to the supermarket together is a good alternative.

Question: Why can't the man play golf tomorrow?

★：この雨には本当にうんざりだな。
☆：週末までまだずっと降り続きそうよ。
★：じゃあ、明日ゴルフをするのは中止にしなくてはならないだろうね。
☆：それはいいわね。実は、食材と生活必需品を切らし始めていたの。だから代わりに、一緒にスーパーマーケットに行くのがいいと思うわ。
質問：なぜ男性は明日ゴルフができないのか。
 1 疲れ過ぎているから。
 2 むしろ買い物に行きたいから。
 3 混乱し過ぎているから。
 4 雨が降るだろうから。

解説 会話では、男性は tired of all this rain「この雨にはうんざりだ」と言っているが、「疲れた」とは言っていないので、選択肢 **1** に引っ掛からないように注意。「雨の日が続くので、ゴルフができない」というのが、この会話の要点。

No. 7 解答 3

★：What terrible luck! We're caught in a traffic jam.
☆：Yoshio, what's that green and yellow sticker on the back of that car for?
★：That indicates the driver of that car has just gotten his driver's license.
☆：That's an effective way to warn other drivers that the person driving may be inexperienced.

Question: What is Yoshio doing now?

★：本当についていないな！ 渋滞に巻き込まれたよ。
☆：ヨシオ，あの車の後部にある緑と黄色のステッカーは何のためのものなの？
★：あの車のドライバーは運転免許を取ったばかりだということを示しているのさ。
☆：その運転中の人は経験が浅いことを，ほかのドライバーに警告する効果的な方法ね。
質問：ヨシオは今，何をしているのか。
  1 通りを横断している。
  2 通りの角に立っている。
  3 車を運転している。
  4 友だちと歩いている。

解説 冒頭のWe're caught in a traffic jam.「渋滞に巻き込まれた」という発言から，ヨシオは車を運転していることがわかる。会話は初心者マークの話に及んでいるが，2人は車内にいる。

□ inexperienced 未熟な

No. 8 解答 3

☆：Good morning, Ken. Can I chat with you for a while?
★：Sure, Mrs. Smith. What would you like to talk about?
☆：Frankly, I'm worried about your slow progress in your studies. You may fail the course unless you study harder.
★：I've been really busy lately but I promise I'll study harder.

Question: What worries Mrs. Smith?

☆：おはよう，ケン。ちょっとお話できる？
★：はい，スミス先生。何について話すんですか。
☆：率直に言って，あなたの勉強が遅れているのが気掛かりなの。もっと一生懸命に勉強しないと，落第するかもしれないわ。
★：最近は本当に忙しいんですが，もっと一生懸命勉強すると約束します。
質問：スミス先生は何を心配しているのか。
  1 ケンの行動上の問題。
  2 ケンの授業中の消極的な態度。
  3 ケンの学業成績。
  4 ケンの度重なる欠席。

解説 選択肢には，ケンに関するbehavioral problems「行動上の問題」，passive attitude「消極的な態度」，academic performance「学業成績」，frequent absences「度重なる欠席」が並ぶ。ケンのどのような点が問題になっているかをよく聞き取ろう。スミス先生は2番目の発言でI'm worried about your slow progress in your studiesと言っており，これを大まかに言い換えたKen's academic performance.が正解。

□ chat おしゃべりする

解答・解説

No. 9　解答　1

★ : I'd like to return this sweater and get my money back, please. It's too big.
☆ : OK, do you have a receipt?
★ : No, I lost it. But I bought it here yesterday—in fact, I bought it from you, at 10 percent off the regular price.
☆ : I'm sorry, sir, but our store policy requires a receipt.
Question: What does the customer want to do?

★ : このセーターをお返しするので，代金を返却してほしいのです。大き過ぎたんです。
☆ : かしこまりました，レシートはございますか。
★ : いいえ，失くしてしまいました。でも昨日ここで買ったのです。実は，あなたから買ったんですよ。定価の10パーセント引きでした。
☆ : 申し訳ございませんが，お客様，当店の決まりでレシートが必要なのです。
質問：客は何をしたいのか。
1 商品を返却する。
2 別のセーターを買う。
3 値引きを受ける。
4 マネージャーと話す。

解説 選択肢から，客と店員とのやりとりではないかと予測できる。正解は男性の最初の発言 I'd like to return this sweater ... からわかる。会話の this sweater「このセーター」が選択肢では an item「商品」に言い換えられている。

No. 10　解答　1

☆ : I hear you're going to be married to Judy soon, Mike.
★ : Yes, I am. Actually, I'm getting married on April 1st.
☆ : Congratulations! You and Judy make a great couple. By the way, are you going on a honeymoon?
★ : Yes, we're planning on going to Hawaii from April 13th to the 20th.
Question: How long are Mike and his wife going to stay in Hawaii?

☆ : もうすぐジュディと結婚するそうね，マイク。
★ : そうなんだ。実は4月1日に結婚するんだ。
☆ : おめでとう！　あなたとジュディはお似合いのカップルね。ところで，新婚旅行には行くの？
★ : うん，ハワイに4月13日から20日まで行く予定なんだ。
質問：マイクと彼の妻はハワイにどのくらい滞在するつもりか。
1 約1週間。
2 約2週間。
3 20日間。
4 約1カ月。

解説 選択肢はいずれも期間を表しているので，リスニングのポイントは「どのくらいの期間か」ということになる。男性の2番目の発言の April 13th to the 20th より，**1** が正解。

熟語17　along with 〜　〜と一緒に　　around the corner　角を曲がって　　as a (general) rule　概して

NOTES

as a matter of fact 実のところ　　as far as ... …する限り　　as follows 次の通り

19日目

筆記	1	2	3	4
リスニング	1	2		

学習した日　月　日

文の内容一致選択問題を攻略！②

今日の目標

ここでは，パラフレーズと重要な発音のパターンを扱う。パラフレーズは，第1部と同様に第2部でも問題を解くときの鍵になる。また，リスニング力強化のために，音の「強弱」「連結」「同化」「脱落」を学習しよう。

ポイント1　パラフレーズ（言い換え）に注意しよう！

　第1部の会話と同様に，第2部の英文も，「放送文の語句」が「質問文や選択肢の語句」ではほかの単語や表現に言い換えられていることがある。こうした問題では，英文の内容を正確に理解していなければ正しい選択肢を選べない。パラフレーズの種類は第1部と同様に，①**単語・熟語を別の同義語（句）に言い換えている場合**，②**一つの事柄を異なる視点からの表現で言い換えている場合**（能動態⇔受動態，肯定⇔否定，具体的な表現⇔抽象的な表現など）などがある。特に，第2部の英文は，第1部と比べて少し長いため，英文の中で複数回にわたってパラフレーズが繰り返される場合もあるので注意が必要だ。
　以下は，実際に第2部で出題されたパラフレーズの例である。

例①　単語の言い換え
　（放送文）love → prefer →（質問文）like

例②　異なる視点からの言い換え
【具体的→抽象的】
（放送文）（スカーフとハンドバッグを売っていたが）they start selling various kind of jewelry.「さまざまな種類の宝石を売り始める」
→（選択肢）He began selling new types of products.「新しいタイプの製品を売り始めた」
【能動態→受動態】
（放送文）One lucky winner will receive a new video camera「幸運な勝者は新しいカメラを受け取るだろう」
→（選択肢）A video camera will be given away.「カメラが贈られるだろう」

熟語18　as if [though] ...　まるで…のように　　at least　少なくとも　　at a distance　離れた場所で

ポイント2　重要な発音のパターンをチェックしよう！

①強弱

日本語が比較的平たんな発音であるのに対して，英語の音声は強弱の差がはっきりしたリズムを持っている。一般に，単独で特定の意味を持つもの（動詞・名詞・形容詞・副詞・数詞・疑問詞・感嘆詞・所有代名詞・不定代名詞など）は強く発音されるのに対して，単独では特定の意味を持たないもの（前置詞・冠詞・接続詞・助動詞・be 動詞・人称代名詞・関係代名詞など）は通常は強く発音されない。例えば，下の英文では太字の部分が強く発音される。

- **Amy likes** a **cup** of **tea** with **lemon** in the **morning**.
  「エイミーは朝，1杯のレモンティーを飲むのが好きだ」
- **Remember** to **lock** the **door** when you **leave** this **room**.
  「この部屋を出るとき，忘れずにドアに鍵をかけなさい」
- Do you **know what time** he **wants** to **come over**?
  「彼が何時に来たいと思っているか，知っていますか」
- The **car** should have been **painted** a **different color**.
  「この車は違う色に塗るべきだった」

②連結

連続する単語間において，先行する語の末尾が子音で，後に続く語の語頭が母音のときは子音と母音がつながって1語のように発音される。この現象を「音の連結」と言う。

an apple [ən æpl] → [ənæpl]　　　　take it [teɪk ɪt] → [teɪkɪt]
put out [pʊt aʊt] → [pʊtaʊt]　　　in an hour [ɪn ən aʊər] → [ɪnənaʊər]

③同化

隣接し合う2つの音が互いに影響し合って両者に似た性質を持つ別の音に変化する現象を「音の同化（assimilation）」と言う。

/t/+/j/→/tʃ/　　next year [nekst jɪər] → [nekstʃɪər]　　meet you [miːt ju] → [miːtʃu]
/d/+/j/→/dʒ/　　Could you [kəd ju] → [kədʒu]　　Did you [dɪd ju] → [dɪdʒu]
/s/+/j/→/ʃ/　　this year [ðɪs jɪər] → [ðɪʃɪər]　　miss you [mɪs ju] → [mɪʃu]
/z/+/j/→/ʒ/　　as yet [əz jet] → [əʒet]　　as you know [əz ju noʊ] → [əʒunoʊ]

④脱落

発話のスピードが速いとき，発音されないで音が抜け落ちる現象のことを「音の脱落（elision）」と言う。母音の中で脱落が最も著しいのは /ə/ の音で，子音の中では /t/ と /d/ の音が脱落することが多い。

/ə/　　cam(e)ra [kæm(ə)rə]　　fam(i)ly [fæm(ə)li]　　hist(o)ry [hɪst(ə)ri]
/t/　　exac(t)ly [ɪgzæk(t)li]　　pos(t)card [poʊs(t)kɑːrd]
/d/　　lan(d)scape [læn(d)skeɪp]　　win(d)mill [wɪn(d)mɪl]

次のページからは練習問題。ここで学んだことを使って問題を解いてみよう！

---

at any [all] cost　どんな犠牲を払っても　　at large　自由の身で　　at *one's* earliest convenience　〜の都合がつき次第

19日目 練習問題

英文を聞き，その質問に対して最も適切なものを 1, 2, 3, 4 の中から一つ選びなさい。

☐☐ **No. 1**　1 He needs to find new work.
　　　　　　2 He faces a difficult choice.
　　　　　　3 He cannot find an apartment downtown.
　　　　　　4 He cannot sell his car.

☐☐ **No. 2**　1 It was covered with strong material.
　　　　　　2 It was standing on a high place.
　　　　　　3 It was very big and heavy.
　　　　　　4 It was below the other houses.

☐☐ **No. 3**　1 To help his sister.
　　　　　　2 To grow his own vegetables.
　　　　　　3 To reduce his tension.
　　　　　　4 To sell roses and sunflowers.

☐☐ **No. 4**　1 She cannot afford the money to hire a babysitter.
　　　　　　2 She cannot find a babysitter.
　　　　　　3 She does not want a babysitter for her daughter.
　　　　　　4 She wants to stay with her daughter all the time.

☐☐ **No. 5**　1 It is often eaten by insects.
　　　　　　2 It attracts water to dry areas.
　　　　　　3 It only grows in hot places.
　　　　　　4 It needs little water to live.

熟語19　at random 無作為に　at the moment 今　at times 時々

☐☐ **No. 6**   **1** She became the best student in the class.
            2 She helped one of her classmates.
            3 Her course marks got better.
            4 Her health slowly improved.

☐☐ **No. 7**   **1** He is happy being a dishwasher.
            2 He spends most of his time alone.
            3 He sometimes gets tips from customers.
            4 He is better paid than the waiters.

☐☐ **No. 8**   **1** Watch horses compete.
            2 Give food to the animals.
            3 Hear an expert's lecture.
            4 Win big prizes.

☐☐ **No. 9**   **1** He invented a way of communicating.
            2 He was the father to many children.
            3 He could not hear very well.
            4 He taught his sisters to speak French.

☐☐ **No. 10** **1** Details about a new product.
            2 A new format for memos.
            3 New rules about clothing.
            4 Information about new employees.

back and forth　行ったり来たり　　be about to *do*　（今にも）〜しようとしている　　be at a loss　困っている

解答・解説

🔊 34〜43

No. 1　解答 2

Frank is looking at new apartments, but is having some trouble. Some are large enough for him, but far away from town. He would have to drive his car a long way to work each day. Apartments downtown are smaller and conveniently close to almost everything, but are much more expensive. At the moment, he still doesn't know what he will do.

Question: Why is Frank having trouble?

> フランクは新しいアパートを下見しているのだが，いくつか問題がある。十分に広い物件はあるのだが，町から遠い。彼は毎日仕事に行くのに長距離を車で運転しなければならないだろう。市中心部のアパートは，より狭くて，ほとんど何でも近くにあって便利だが，ずっと高い。今のところは，彼はどうするかまだわからない。
> 質問：なぜフランクは困っているのか。
> 　1 新しい仕事を探す必要があるから。
> 　2 難しい選択に直面しているから。
> 　3 市中心部にアパートを見つけることができないから。
> 　4 自分の車を売れないから。

解説 最初の文の前半で状況がわかり，後半... but is having some troubleが聞こえたら，その具体的な説明が続くと予測できるので，集中しよう。「広ければ遠い，近くて便利だと狭くて値が高い」を「難しい選択」と言い換えた **2** が正解。

No. 2　解答 2

Mr. White lived on the side of a valley. One winter, there was a very big flood in the valley. A lot of houses below his house were washed away, but Mr. White's house was high enough to escape from the flood. When the water disappeared and the other houses were standing there with no roofs and no walls and all covered with mud, his house was still quite all right.

Question: Why was Mr. White's house safe from the big flood?

> ホワイトさんは谷の中腹に住んでいた。ある冬，その谷は非常に大きな洪水に見舞われた。ホワイトさんの家より下にあった多くの家が流されたが，彼の家は十分高い所にあったので，洪水を免れた。水が引き，ほかの家が屋根や壁を失って泥だらけになったときも，彼の家は全く無傷のままであった。
> 質問：ホワイトさんの家はなぜ大洪水でも無事だったのか。
> 　1 強固な材質で覆われていたから。
> 　2 高い所に建っていたから。
> 　3 とても大きくて重かったから。
> 　4 ほかの家より下にあったから。

解説 正解は第3文後半からわかる。放送文中のMr. White's house was high enough to escape from the floodが，選択肢ではIt was standing on a high place.と言い換えられている。

No. 3 解答 **3**

Brad was looking for a relaxing hobby to relieve his stress. His sister recommended gardening. She told him it was good outdoor exercise and very peaceful. At first, he wasn't sure, but he decided to try it. After a while, Brad had to admit that planting and caring for roses and sunflowers gave him a nice, calm feeling.
Question: Why did Brad take up gardening?

ブラッドはストレスを和らげるために，リラックスできる趣味を探していた。彼の姉はガーデニングを勧めた。彼女は彼に，ガーデニングは屋外での良い運動でとても気持ちが安らぐと言った。彼は最初は信じられなかったが，やってみることに決めた。しばらくして，ブラッドはバラやヒマワリを植えたり世話をしたりすることで，楽しく穏やかな気持ちになることを認めざるを得なかった。
質問：なぜブラッドはガーデニングを始めたのか。
　1 彼の姉を手伝うため。
　2 自分の野菜を育てるため。
　3 彼のストレスを軽減するため。
　4 バラとヒマワリを売るため。

解説　正解の決め手となるのは第1文だが，この部分を聞いた時点では正解を確定できないので，質問文を聞くまで落ち着いて全体の内容を把握しよう。（放送文）to relieve his stress → （選択肢）To reduce his tension. と言い換えられている点に注意。

No. 4 解答 **2**

After getting married Ms. Sato continued working for 5 years, but then she quit her job to have a baby. Now that her daughter Tomoko is three years old, she is considering going back to her job. Her problem is that she cannot find anyone who can look after her daughter while she's at work.
Question: What is Ms. Sato's problem?

サトウさんは結婚をした後，5年間仕事を続けたが，その後，出産のために仕事を辞めた。今は娘のトモコが3歳になったので，仕事に復帰しようと考えている。問題は，仕事をしている間に娘の世話をしてくれる人が見つからないことである。
質問：サトウさんの問題は何か。
　1 ベビーシッターを雇う金銭的な余裕がない。
　2 ベビーシッターを見つけることができない。
　3 娘のベビーシッターをほしいと思っていない。
　4 ずっと娘と一緒にいたい。

解説　選択肢からは娘のベビーシッターの話であると予測できる。正解は最後の文からわかる。

be fed up with ～　～に飽き飽きしている　　be sick of ～　～にうんざりしている　　be worried about ～　～のことを心配する

解答・解説

No. 5 解答 **4**

Yarrow is a plant that grows all over the world. It is often planted in gardens because it attracts good insects and keeps bad ones away. Yarrow can survive without much water, so it is a favorite among people who have gardens in hot and dry places. The plant also has special chemicals in its leaves that can stop bleeding.

Question: What is one thing the speaker says about yarrow?

> ノコギリソウは世界中で生息している植物である。それはしばしば畑に植えられるが，それは良い虫を引き付け，悪い虫を近づけないからだ。ノコギリソウは水の量が多くなくても生き延びることができるので，暑くて乾燥した場所に畑を持つ人々に気に入られている。この草はまた，出血を止めることのできる特別な化学物質がその葉に含まれている。
>
> 質問：ノコギリソウについて話者が言っていることの一つは何か。
> 　　1 よく虫に食べられる。
> 　　2 乾燥した地域に水を呼び込む。
> 　　3 暑い場所でのみ育つ。
> 　　4 生きるのにほとんど水を必要としない。

解説　最初の文で選択肢共通の主語Itがyarrow「ノコギリソウ」であろうと推測できる。その後はノコギリソウの特徴が述べられるので，選択肢と照らし合わせながら聞く。第3文のsurvive without much waterと正解の選択肢のneeds little water to liveの言い換えに注意。

No. 6 解答 **3**

Richard was one of the best students in his class, but he had to spend a lot of time studying. He noticed that one of his classmates, Jill, was not doing too well in the class. Although he was busy, he offered to help her. With his advice, Jill's grades slowly got better.

Question: What happened to Jill?

> リチャードはクラスで最も優秀な生徒の一人だったが，多くの時間を勉強に費やさなくてはならなかった。彼はクラスメートのジルがクラスではあまりできないことに気付いた。彼は忙しかったけれども，彼女を助けることを申し出た。彼の助言のおかげで，ジルの成績は徐々に良くなった。
>
> 質問：ジルに何が起こったか。
> 　　1 彼女はクラスで一番の生徒になった。
> 　　2 彼女はクラスメートの一人を助けた。
> 　　3 彼女の授業の成績が良くなった。
> 　　4 彼女の健康が徐々に改善された。

解説　選択肢から学校でのできごとが話題だと予測できる。正解は，he offered to help her. With his advice, Jill's grades slowly got better.の部分からわかる。（放送文）Jill's grades slowly got better → （選択肢）Her course marks got better.と言い換えられていることに注意しよう。

熟語21　behind *one's* back　～のいない場所で　　bet on ～　～に賭ける　　break out　（災害・戦争などが）発生する

No. 7　解答　1

Jack works as a dishwasher at a restaurant every summer. He knows all the waiters, waitresses, and cooks. He also gets to know a lot of regular customers. The pay is low, and he doesn't get any tips. Even so, he likes the job a lot because he has made many friends there and hopes to keep them forever.

Question: What do we learn about Jack?

> ジャックは毎年夏にレストランで皿洗いとして働いている。彼はすべてのウエーター，ウエートレス，コックを知っている。彼はまた，たくさんの常連の客も知るようになった。給料は安く，チップは全く受け取っていない。それでも仕事が大好きなのは，そこで多くの友だちができ，彼らとずっと付き合っていくことを望んでいるからである。
> 質問：ジャックについて何がわかるか。
> 　**1** 皿洗いであることが幸せである。
> 　**2** 一人でほとんどの時間を過ごす。
> 　**3** 時々客からチップをもらう。
> 　**4** ウエーターより給料がよい。

> 解説　選択肢からレストラン業務に関する話題であることが予測できる。正解の決め手となるのは最後の文だが，ジャックが皿洗いの仕事をしているという内容は最初の文にしか出てこないので，ここも聞き逃さないように。（放送文）he likes the job a lot → （選択肢）He is happy being a dishwasher. という言い換えに注意。

NOTES
□ regular customer
　常連客

No. 8　解答　2

Welcome to the Larson County Fair! Today at 10, listen to animal expert Jackie Shilling talk about cows, and at noon, watch the horse jumping competition. Big prizes will be given away at this event! Finally, don't miss the petting area. Children will love touching the sheep, feeding the rabbits, and riding the ponies. There's something for everyone at the Larson County Fair!

Question: What is one thing people can do in the petting area?

> ラーソン郡フェアへようこそ！　本日10時は，動物の専門家であるジャッキー・シリングの，牛に関するお話をお聞きください。そして正午には，馬のジャンプ競争をご覧ください。このイベントではすごい賞が与えられます！　最後に，動物ふれあいエリアをお忘れなく。子どもたちはヒツジを触ったり，ウサギにえさをやったり，ポニーに乗ったりして大喜びするでしょう。ラーソン郡フェアにはすべての人のための何かがあるのです！
> 質問：動物ふれあいエリアでできることの一つは何か。
> 　**1** 馬が競争するのを見る。
> 　**2** 動物に食べ物を与える。
> 　**3** 専門家の講演を聞く。
> 　**4** すごい賞を当てる。

> 解説　まず冒頭の文でフェアの案内放送であることを把握することが大事。後は順番に述べられるイベントの内容をしっかり聞き取ろう。第4文で動物ふれあいエリアに触れ，第5文でそこでできることが紹介されている。（放送文）feeding the rabbits → （選択肢）Give food to the animals. の言い換えに注意。

---

break with 〜　〜と関係を絶つ　　bring about 〜　（結果など）を招く　　bring back 〜　〜を戻す

解答・解説

No. 9 解答 **1**

In the mid-18th century, French priest Charles-Michel de l'Épée saw two sisters communicating with each other through hand movements because they could not hear. Seeing this, de l'Épée decided to create a sign language. He opened the world's first school for deaf people in the 1760s to teach his new language. Because of his efforts, de l'Épée became known as the "Father of the Deaf."
Question: What can be said about Charles-Michel de l'Épée?

> 18世紀中ごろ，フランス人の聖職者であるシャルル・ミシェル・ド・レペーは，2人の姉妹が，耳が聞こえないので手の動きでお互いに意思疎通をしているのを見た。これを見て，ド・レペーは手話を作り出すことを決心した。1760年代に彼は自分の新しい言語を教えるための世界初のろう学校を開校した。彼の努力のため，ド・レペーは「ろう者の父」として知られるようになった。
> 質問：シャルル・ミシェル・ド・レペーについて言えることは何か。
> **1** 彼は意思疎通をする方法を発明した。
> **2** 彼は多くの子どもたちの父親だった。
> **3** 彼は耳がよく聞こえなかった。
> **4** 彼は自分の姉妹にフランス語の話し方を教えた。

解説 冒頭の文の姉妹の様子から，手話が主題だと見抜きたい。第2文でド・レペーが手話を作る決心をしたとあり，続く第3文に彼の新しい言語を教える学校を開校したとあるので，手話（sign language）＝「意思疎通をする方法」（a way of communicating）の発明は成功したと推定できる。

No. 10 解答 **3**

Attention, please. The president of the company has decided to start something called Casual Fridays. This means that all employees can wear casual clothing, like jeans and shirts with collars, every Friday. Please check the memo he sends out later today to find out what is not allowed, for example trousers with holes in them and tank tops.
Question: What is the speaker announcing?

> 連絡します。社長はカジュアル・フライデーと呼ばれるものを始めることを決定しました。これはつまり，全社員は毎週金曜日にはジーンズや襟付きのシャツのようなカジュアルな服装をしてもよいということです。今日，後ほど社長から送られるメモを確認して，例えば穴のあいたズボンやタンクトップのような，許されていないものは何かを見てください。
> 質問：話者が知らせていることは何か。
> **1** 新製品の詳細。
> **2** メモの新しい書式。
> **3** 服装に関する新しい決まり。
> **4** 新入社員についての情報。

解説 選択肢のすべてにnewが含まれていることに注目。冒頭のAttention, please.から，何かを連絡する放送だと推測できるので，新しいこととは何かに注目する。続く文でそれが「カジュアル・フライデー」であるとわかり，さらに次の文でそれが服装（clothing）に関することだとわかる。後半で着てよい服と着てはいけない服について触れており，ある種の規則（rules）であることがわかる。

熟語22　bring down ～　～を落とす　　bring in ～　～を参加させる　　brush up on ～　～をやり直して磨きをかける

burn out 燃え尽きる　　burst into〜 急に〜し始める　　by and large 全般的に

20日目 実力完成模擬テスト

筆記85分
リスニング約25分

1

次の(1)から(20)までの( )に入れるのに最も適切なものを1, 2, 3, 4の中から一つ選び，その番号を解答用紙の所定欄にマークしなさい。

(1) *A:* Do you know how long Kelly will stay in Paris?
B: She said she would be there for about a year while she ( ) in a French language program.
1 participates   2 persuades   3 conflicts   4 interrupts

(2) The finance ( ) had a difficult decision to make concerning the nation's budget for the coming year.
1 heritage   2 relationship   3 majority   4 minister

(3) The writer gained a ( ) for outstanding work after her latest book, *Fire in the Wind*, became a best-seller.
1 representative   2 reputation   3 display   4 favor

(4) Jason was amazed by his first trip to an African village, and ( ) much of his time there to studying the local culture.
1 regained   2 connected   3 devoted   4 translated

(5) First, the professor gave a general outline of the main topic of her lecture. Then, she changed the ( ) to look at the details.
1 illustration   2 approval   3 correction   4 focus

(6) There is a clear ( ) between bats and birds. Birds lay eggs and bats give birth.
1 distinction   2 foundation   3 construction   4 execution

(7) At the job interview for the big company, Tom tried to ( ) his new marketing ideas effectively to the interviewers.
1 refuse   2 communicate   3 cooperate   4 earn

(8) When Steve saw the small fire at his office, he (   ) put it out. The fire department later said his quick reaction may have saved many lives.
1 relatively 2 immediately 3 increasingly 4 unnaturally

(9) At Jim's community center, there are (   ) courses available, including flower arranging, painting, and foreign-language learning.
1 violent 2 extreme 3 various 4 strict

(10) The former manager of the sales department retired from the company and Emma became the new manager. She was happy to be (   ) to such an important position.
1 assigned 2 assumed 3 commuted 4 occupied

(11) Although Susan wanted a pay raise, every time she saw the boss, she was too nervous to (   ) the subject.
1 break on 2 bring up 3 make up 4 catch on

(12) Visitors to any foreign country are (   ) its laws, and so they should be sure to obey them during their stay.
1 gained on 2 fallen for 3 based on 4 subject to

(13) Sandy always manages to (   ) on with her job, even when she's under a lot of pressure.
1 do 2 carry 3 make 4 put

(14) The skater finished his performance and got third place (   ) the injury he received in the accident during practice.
1 according to 2 opposite to 3 instead of 4 in spite of

☐☐ **(15)** Mike and Jerry worked all night repairing the engine by (   ). This gave each of them a chance to rest.
    1 turns   **2** positions   **3** places   **4** levels

☐☐ **(16)** Since Jun joined as a striker, he has made a big (   ) to the school soccer team. Last year, they only won 3 times, but this year they have already won 10 times.
    1 proposal   **2** knowledge   **3** patrol   **4** difference

☐☐ **(17)** When Arlene moved to a new apartment building, she was not (   ) of the rules for throwing away trash, so she had to ask her neighbors.
    1 angry   **2** confident   **3** aware   **4** bad

☐☐ **(18)** (   ) by the landslide caused by the storm last night, the road from the village to the city has been closed.
    1 Destroyed   **2** Destroying
    3 Being destroying   **4** Having destroyed

☐☐ **(19)** If Marvin (   ) faster when he was a teenager, he probably would have been a member of the track and field team.
    1 were being   **2** had been   **3** have been   **4** can be

☐☐ **(20)** Mika's heel came off her boot, so she took it to a shoe-repair shop to get it (   ).
    1 be fixed   **2** fixed   **3** fixing   **4** fix

筆記2は次のページにあります。

2
次の英文[A], [B]を読み，その文意にそって(21)から(26)までの（　）に入れるのに最も適切なものを1, 2, 3, 4の中から一つ選び，その番号を解答用紙の所定欄にマークしなさい。

[A]　　　　　　　　　　Bionics

　Artificial arms or legs help physically challenged people move around. Most artificial limbs, however, (　21　). They don't have the flexibility or strength of real human arms or legs. So some scientists have accepted the challenge of constructing more complex devices. These scientists work in the field of biomimetics, more commonly known as bionics.

　Creating bionic arms that can do much more than normal human arms is actually not an especially difficult challenge to achieve. Such robotic-type arms are common in many modern factories. Bionic eyes that can zoom in or out like camera lenses are also not difficult to create. The problem is linking these sorts of advanced machines to the human body.

　One problem is that the nervous system—the cells that connect the brain to the rest of the body—is extremely complex. A true bionic arm would have to somehow connect to the millions of nerve cells at the shoulder. A bionic eye would also have to link to those in the eyeball in order for it to be useful. Scientists do not fully understand how to do this, (　22　) progress has been accordingly slow. We are far from developing bionic legs that would allow physically challenged people to walk or bionic eyes that would permit the visually challenged to see.

　More breakthroughs have occurred, however, with bionics that can improve the strength of people who are not physically challenged. These bionics do not need to connect to human nerve cell endings. Instead, they are placed outside or on top of a healthy person. Some of these new "exoskeletons" worn on the human body enable wearers to lift large objects or work with industrial tools more precisely. Scientists continue to (　23　) to improve upon the natural state of the human body.

☐☐ (21)　1　are still very limited　　　2　tend to be expensive
　　　　 3　are no longer made　　　　4　aren't easy to maintain

☐☐ (22)　1　even though　　　　　　　2　even so
　　　　 3　and so　　　　　　　　　　4　as long as

☐☐ (23)　1　give out the tickets　　　　2　come up with ways
　　　　 3　have words with others　　4　produce various food

[B] Getting Published

Publishing a book can be a difficult process. When a writer submits a proposal to publishing companies, it can take six months to a year to hear back from them. If a writer is lucky, a publishing company will (24) the proposal to request a complete copy of the book to read. Only a small percentage of book ideas submitted to publishing companies will be accepted. Finally, if the writers become successful, professional editors, cover designers, and proofreaders can help them prepare their book for stores more easily.

Since this method of publishing takes so much time and (25), however, many hopeful writers are turning to a new opportunity—self-publishing. One popular company for self-publishing is called Lulu. Through this web-based publishing service, writers use templates to create the layout of their book as well as applications for things like adding pictures. When their book is finished, the writer decides how to sell it. They can allow downloads for free or for a price, or they can sell through retail bookstores. Most frequently, writers have Lulu print on demand. This means that the company prints a copy of the book when one is ordered online and ships it directly to the customer. In this way, no one has to store copies of the book until they sell.

Recently, university professors have started using this new method of publishing because of several advantages. Textbooks they can choose for their classes are usually outdated, and many professors do not wish to spend the time to have their own textbook published. Professors are also choosing this option because they do not want professional editors telling them to change or take out certain information. (26), with Lulu, they have the freedom to include whatever content they feel fits their class best. Futhermore, updated information can be added to the textbook at any time, and professors can offer a downloaded copy for free or at a lower cost than books published traditionally.

(24) 1 hesitate to consider 2 put up with
3 be interested enough in 4 express deep concerns about

(25) 1 often ends with disappointment 2 always makes enormous profits
3 never fails to be a best seller 4 is sold globally online

(26) 1 And yet 2 In other words
3 All the same 4 Otherwise

3 次の英文[A], [B], [C]の内容に関して, (27)から(38)までの質問に対して最も適切なもの, または文を完成させるのに最も適切なものを1, 2, 3, 4の中から一つ選び, その番号を解答用紙の所定欄にマークしなさい。

[A]

From: Tara Steigler <tara.steigler@blakewell.net>
To: Tom Winston <tom.winston@ace1manufacturing.com>
Date: April 25, 2016
Subject: Last Meeting

Dear Mr. Winston,

Thank you for agreeing to meet me yesterday on such short notice to hear my presentation. At that time, I could only give you a brief overview of what our company does. I've attached a more detailed digital brochure about us.

I know that when we spoke, you had some concerns about our prices. Specifically, you noted they are about 15% higher than most of our competitors. We do understand why this may seem too expensive. However, we normally charge more because our service is world-class. In the digital brochure, you will be able to read about other major clients who are very satisfied with everything we have done for them. We not only take care of all your accounting needs but also provide regular consulting on financial techniques and laws. Our wide range of services is included in any price quote we give you.

After taking a look at the attached materials, I hope we can meet again soon to discuss how our company can be of help to you.

Sincerely,
Tara Steigler
Senior Associate
Blakewell Accounting & Consulting

☐☐ **(27)** What did Ms. Steigler do yesterday?
1. Gave Mr. Winston an introduction to her company's services.
2. Asked Mr. Winston to join her digital accounting company.
3. Told Mr. Winston about a new accounting position.
4. Accepted Mr. Winston's offer to print product brochures.

☐☐ **(28)** What does Ms. Steigler say about her company?
1. It offers some of the most reasonable prices.
2. It fully supports all its clients' needs.
3. It has branches in many different countries.
4. It gives money back if the service is inadequate.

☐☐ **(29)** Ms. Steigler says that Mr. Winston should
1. review the most recent accounting laws.
2. sign and return the enclosed materials.
3. meet with her again shortly.
4. tell her more about his company.

[B] Deforestation

Many people are concerned about pollution from factories or cars that causes higher levels of carbon dioxide (CO_2). High levels of CO_2 lead to global warming. However, the loss of trees is an even more serious factor than pollution. When trees are cut down in very large numbers, it is known as deforestation—a process that is responsible for 90% of the rise in CO_2. The heavy relative impact of deforestation is causing environmentalists great concern.

The visual results of deforestation are obvious to everyone. Only a small portion of the trees that existed in 17th-century America remains today. The same is true for most of Europe. The deep forests of the old American Midwest or the German plains have largely been cleared away. Deforestation has slowed in North America and Europe since the 20th century. Yet in many areas of the developing world, it has sped up at an alarming rate. This is especially true in the rainforests of Southeast Asia and Brazil.

There are many reasons why these countries have seen rapid increases in deforestation. In both of these areas, large numbers of poor people have been forced off farmland and into rainforest areas. These landless people may become "slash and burn" farmers. They go from place to place in these rainforests, burning down trees. Afterwards, they plant crops in the tree ashes. After the crops have grown, they move onto another area of the rainforest and repeat these actions.

Logging companies also cut down wide areas of rainforests. They use the trees to make a variety of paper-based materials. Governments of developing countries hesitate to limit this kind of activity because it helps them grow economically. Thailand and Indonesia, for instance, are two of the world's largest wood exporters. Although corporations or slash and burn farmers may get short-term gains, the damage done to the rainforests and our atmosphere is enormous. As trees fall around the world, our earth will only get hotter and the air dirtier. This should be considered by companies who profit from activities in the world's forests.

- □□ (30) Why is deforestation thought to be a worse problem than pollution?
  1. There are far more trees than cars or factories.
  2. High CO_2 levels kill large areas of trees.
  3. Tree shortages contribute to climate change.
  4. Global warming is causing the deaths of many trees.

- □□ (31) What is one thing we learn from the passage about deforestation?
  1. National policies concerning it are unclear around the world.
  2. Developing nations now are contributing more to the problem.
  3. Developed countries increased it in the mid-20th century.
  4. America and Europe have had different experiences with it.

- □□ (32) Poor people sometimes cause deforestation by
  1. leaving rainforests to start up new farms elsewhere.
  2. causing accidental fires that burn their crops.
  3. using harmful agricultural methods.
  4. farming in one area for a very long time.

- □□ (33) What does the passage suggest might happen if logging continues?
  1. Economic development may start to slow down.
  2. Governments might start to restrict it.
  3. The costs involved may soon outweigh any benefits.
  4. We may run out of paper products.

[C] Detecting Health

It can be difficult for patients to return home after spending time in the hospital. This is especially true because they must often get accustomed to taking new medicines at home, despite feeling weak and tired. Hospital data show that, because of these changes, 25 percent of all patients with heart failure, for example, end up back in the hospital within 30 days of going home. Now, Proteus Digital Health, a California-based company, has developed a device to help make being at home easier for patients.

The device is a microchip the size of a piece of sand that fits inside a pill. When taken, the pill causes the stomach acids of patients to interact with metals on the microchip and generate electricity. This is detected by a special sticker worn on the patient's skin. The information is then sent to a mobile device to inform caregivers that the pill has been taken. The microchip also senses the patient's heart rate, amount of physical activity, and bodily response to the medicine. All of this information can be viewed on a mobile device by people who have the patient's permission, such as the doctor, family members, and other caregivers.

With this system, doctors can now learn how a patient's body responds to a medicine without doing blood tests or other procedures. They can then change the medicine according to the patient's specific needs. Similarly, if a family member sees on the mobile phone that the patient has not yet consumed a daily pill, they can remind the patient to take it. In this way, the microchip helps patients stay on schedule with their medicines and activities and communicate better with their caregivers. In addition, family members are relieved to know that the patient is following doctor's orders.

Since the introduction of this technology in the United States in 2012, good results and positive feedback from both patients and caregivers has encouraged further experimentation. Proteus Digital Health plans to use their technology for the benefit of patients with diseases such as diabetes next. They will do this by adding to their microchip the ability to measure a patient's blood sugar. Also, researchers around the world are now using similar technology to detect certain diseases before symptoms appear. All in all, it seems likely that this technology will help more and more people in the years to come.

(34) After patients leave the hospital, they can have trouble at home because
1   their medicine have changed.
2   they must do physical therapy.
3   they usually live alone.
4   their medicines make them tired.

(35) What is one thing that happens once a patient takes the pill?
1   A caregiver can control its activity through a mobile device.
2   A special sticker affects the patient's heart rate throughout the day.
3   A device inside it starts working in the patient's stomach.
4   The patient's stomach can be viewed by people with permission.

(36) How does the new system help family members?
1   It allows them to change the medicine the patient takes when necessary.
2   It helps them communicate with the patient about tests and procedures.
3   It makes it easy for them to contact the patient's doctor directly at any time.
4   It informs them about the patient's activities and reduces their worries.

(37) Proteus Digital Health is hoping to
1   teach patients how to tell if other people have the same diseases.
2   be able to administer treatment through its microchips in order to cure patients.
3   offer to test people's blood sugar for free as part of a new experiment.
4   make a change to their microchip so they can help people with specific diseases.

(38) Which of the following statements is true?
1   Only the selected people are allowed to see the information gathered by their microchip.
2   Proteus Digital Health hires researchers around the world to study new diseases.
3   25 percent of all patients with heart failure spend 30 days in the hospital.
4   Patients are instructed to take their pills by the microchips.

4

- 以下のTOPICについて，あなたの意見とその理由を2つ書きなさい。
- POINTSは理由を書く際の参考となる観点を示したものです。ただし，これら以外の観点から理由を書いてもかまいません。
- 語数の目安は80語〜100語です。

TOPIC
In recent years, many cities have banned smoking on sidewalks and other public places. Do you think all cities should do this?

POINTS
- *Safety*
- *Health*
- *Right*

MEMO

リスニングテストは次のページにあります。

2級リスニングテストについて

1 このリスニングテストには，第1部と第2部があります。
　★英文はすべて一度しか読まれません。
　第1部：対話を聞き，その質問に対して最も適切なものを1，2，3，4の中から一つ選びなさい。
　第2部：英文を聞き，その質問に対して最も適切なものを1，2，3，4の中から一つ選びなさい。
2 No. 30のあと，10秒すると試験終了の合図がありますので，筆記用具を置いてください。

第1部

44〜59

No. 1
1 The client will visit her.
2 There was a problem finding tickets.
3 The business meeting was canceled.
4 There will be a conference on the Internet.

No. 2
1 He has put on weight.
2 He is doing too much exercise.
3 He is unable to find a gym.
4 He cannot get cakes or candies.

No. 3
1 She is learning Spanish.
2 She is from Argentina.
3 She wants to travel to Mexico.
4 She is going to teach a language.

No. 4
1 Buy a new house.
2 Change his home's interior.
3 Ask a decorator for advice.
4 Return to the shop with his wife.

No. 5
1 To hire new staff.
2 To go to lunch.
3 To work late.
4 To finish his work quickly.

☐☐ **No. 6** **1** Finish school next month.
　　　　　2 Leave his current company.
　　　　　3 Rewrite his résumé.
　　　　　4 Apply to many companies.

☐☐ **No. 7** **1** None were available.
　　　　　2 She did not have enough money.
　　　　　3 She had never used one before.
　　　　　4 The park only rents rowboats.

☐☐ **No. 8** **1** Buy a sports shirt for her husband.
　　　　　2 Buy a sports video game for her husband.
　　　　　3 Get her husband some tickets for a game.
　　　　　4 Take Adam to meet her husband.

☐☐ **No. 9** **1** Take some medicine.
　　　　　2 Show her grades to her dad.
　　　　　3 Retake a biology test.
　　　　　4 Research medical schools.

☐☐ **No. 10** **1** The deadline is this Friday.
　　　　　2 The topic must be about the sky.
　　　　　3 She is finished with hers already.
　　　　　4 She will lend the man her supplies.

☐☐ **No. 11**　**1**　To change the monthly report deadline.
　　　　　　　2　To ask her about the boss's meeting.
　　　　　　　3　To pass on the boss's request.
　　　　　　　4　To get her new e-mail address.

☐☐ **No. 12**　**1**　Costs are reasonable.
　　　　　　　2　Delivery is expensive.
　　　　　　　3　The styles match her home.
　　　　　　　4　The selection is limited.

☐☐ **No. 13**　**1**　Buy Purple Rose perfume.
　　　　　　　2　Look at a popular brand.
　　　　　　　3　Shop for perfume elsewhere.
　　　　　　　4　Ask the clerk for advice.

☐☐ **No. 14**　**1**　A colleague's marriage.
　　　　　　　2　A colleague from Jamaica.
　　　　　　　3　A problem with the marketing department.
　　　　　　　4　An important meeting on June 27.

☐☐ **No. 15**　**1**　She is staying too far from Lyon.
　　　　　　　2　She is riding the wrong train.
　　　　　　　3　She is not in the right place.
　　　　　　　4　She does not have the right ticket.

第2部

☐☐ **No. 16**
1. There is a weather emergency.
2. The school's heater is broken.
3. The photographers have another job.
4. One of the cameras got damaged.

☐☐ **No. 17**
1. A long list of air pollution causes in London.
2. Some solutions to the problem of air pollution.
3. A lot of information on the effects of burning coal.
4. A list of industries causing the smoky air.

☐☐ **No. 18**
1. Left it on the bus.
2. Updated its music list.
3. Used it for his studies.
4. Downloaded songs on it.

☐☐ **No. 19**
1. From the color of its eyes.
2. From the color of its mouth.
3. From the color of its tail.
4. From the color of its babies.

☐☐ **No. 20**
1. The suit did not match his fashion style.
2. The clothing store offered very low prices.
3. One of the items was very expensive.
4. His wife did not like the tie.

☐☐ **No. 21** **1** They may not have been real.
2 They have been rebuilt in a secret area.
3 There are pictures of them in old documents.
4 There are many rare plants.

☐☐ **No. 22** **1** She wants to reduce her travel time.
2 She has asked for a salary increase.
3 She does not want the same job as Sabrina.
4 She still wants to be a flight attendant.

☐☐ **No. 23** **1** To encourage her to study.
2 To stop her staying out late.
3 To make her spend more time with classmates.
4 To help her learn about computers.

☐☐ **No. 24** **1** He did a study on the lake near his house.
2 He saw a media report about a major problem.
3 He heard about it from his neighbors.
4 An environmentalist visited his school.

☐☐ **No. 25** **1** 1.
2 2.
3 3.
4 9.

☐☐ **No. 26** **1** She could not buy a plane ticket.
　　　　　　 2 She has to travel at low cost.
　　　　　　 3 She wants to see the countryside.
　　　　　　 4 She forgot to reserve a bus seat.

☐☐ **No. 27** **1** Get a new office job.
　　　　　　 2 Begin a different career.
　　　　　　 3 Buy some beautiful paintings.
　　　　　　 4 Demand a higher salary.

☐☐ **No. 28** **1** She started sleeping longer hours.
　　　　　　 2 She started buying more magazines.
　　　　　　 3 She started doing a new job.
　　　　　　 4 She started doing regular exercise.

☐☐ **No. 29** **1** It depends on physical contact.
　　　　　　 2 Even young children can enjoy it.
　　　　　　 3 It requires using all the muscles from head to toe.
　　　　　　 4 It is an exciting sport.

☐☐ **No. 30** **1** The hairstyles available in her salon.
　　　　　　 2 The kinds of products she uses.
　　　　　　 3 The Web address of her business.
　　　　　　 4 The prices in her shop window.

実力完成模擬テスト 解答一覧

正解を赤で示しています。（実際の試験ではHBの黒鉛筆またはシャープペンシルを使用してください。）

解答欄 (1)

問題番号		1	2	3	4
1	(1)	**①**	②	③	④
	(2)	①	②	③	**④**
	(3)	①	**②**	③	④
	(4)	①	②	**③**	④
	(5)	①	②	③	**④**
	(6)	**①**	②	③	④
	(7)	①	**②**	③	④
	(8)	①	**②**	③	④
	(9)	①	②	**③**	④
	(10)	**①**	②	③	④
	(11)	①	**②**	③	④
	(12)	①	②	③	**④**
	(13)	①	**②**	③	④
	(14)	①	②	③	**④**
	(15)	**①**	②	③	④
	(16)	①	②	③	**④**
	(17)	①	②	**③**	④
	(18)	**①**	②	③	④
	(19)	①	**②**	③	④
	(20)	①	**②**	③	④

解答欄 (2)

問題番号			1	2	3	4
2	A	(21)	**①**	②	③	④
		(22)	①	②	**③**	④
		(23)	①	**②**	③	④
		(24)	①	②	**③**	④
	B	(25)	**①**	②	③	④
		(26)	①	**②**	③	④
3	A	(27)	**①**	②	③	④
		(28)	①	**②**	③	④
		(29)	①	②	**③**	④
		(30)	**①**	②	③	④
	B	(31)	①	**②**	③	④
		(32)	①	②	③	**④**
		(33)	①	**②**	③	④
		(34)	**①**	②	③	④
		(35)	①	**②**	③	④
	C	(36)	①	②	③	**④**
		(37)	①	②	③	**④**
		(38)	**①**	②	③	④

リスニング解答欄

問題番号		1	2	3	4
第1部	No. 1	①	②	③	**④**
	No. 2	**①**	②	③	④
	No. 3	①	②	③	**④**
	No. 4	①	**②**	③	④
	No. 5	①	**②**	③	④
	No. 6	①	②	③	**④**
	No. 7	**①**	②	③	④
	No. 8	①	②	**③**	④
	No. 9	①	②	③	**④**
	No. 10	**①**	②	③	④
	No. 11	①	②	**③**	④
	No. 12	①	**②**	③	④
	No. 13	①	②	**③**	④
	No. 14	**①**	②	③	④
	No. 15	①	②	**③**	④
第2部	No. 16	**①**	②	③	④
	No. 17	①	**②**	③	④
	No. 18	①	②	**③**	④
	No. 19	①	**②**	③	④
	No. 20	①	②	**③**	④
	No. 21	**①**	②	③	④
	No. 22	①	②	③	**④**
	No. 23	**①**	②	③	④
	No. 24	①	**②**	③	④
	No. 25	①	**②**	③	④
	No. 26	①	②	**③**	④
	No. 27	①	**②**	③	④
	No. 28	①	②	③	**④**
	No. 29	**①**	②	③	④
	No. 30	①	**②**	③	④

問題別に正答数をチェックして，右ページのチャートを塗りましょう。「目標ライン」に届かなかった問題は，p.184からの解説を読み，p.214の「学習アドバイス」も参考に復習してください。

※筆記1は，(1)～(10)が「単語」，(11)～(17)が「熟語」，(18)～(20)が「文法」。
※筆記4のチャートは割愛しています。解答例はp.196～197を参照してください。

筆記	1 (単語)	1	2	3	4	5	6	7	8	9	10	
	1 (熟語)	1		2		3		4	5		6	7
	1 (文法)		1			2			3			
	2	1		2		3		4		5		6	
	3	1	2	3	4	5	6	7	8	9	10	11	12
リスニング	第1部	1	2	3	4	5	6	7	8	9	10	11	12	13	14	15
	第2部	1	2	3	4	5	6	7	8	9	10	11	12	13	14	15

目標ライン

20日目

p.214の学習アドバイスを見て復習しよう！

解答・解説

筆記 1

問題 p.162〜164

(1) 解答 1

A: ケリーがどのくらいパリに滞在するのか知っていますか。
B: フランス語の講座を**受講し**ながら，1年ほどいるつもりだと彼女は言っていましたよ。

解説 participate (in ...)「（〜に）参加する」。空所後の in ...がヒントになる。persuade「〜を説得する」，conflict「対立する，相反する」，interrupt「〜の邪魔をする」

(2) 解答 4

来年度の国家予算に関して，財務**大臣**は難しい決断を迫られた。

解説 finance minister で「財務大臣」の意味。ほかに prime minister「首相」も覚えておこう。heritage「遺産」，relationship「関係」，majority「大多数」

> have a decision to make は「決断を迫られている」という意味。

(3) 解答 2

その作家は彼女の最新作『風の中の火』がベストセラーになってから，卓越した仕事ぶりで**名声**を得た。

解説 reputation「名声，評判」。gain a reputation で「名声を得る」の意味。representative「代表（者）」，display「表示，陳列」，favor「好意，引き立て」

(4) 解答 3

ジェイソンはアフリカの村への初めての旅行で大いに驚嘆し，そこでの大部分の時間を地元文化の研究に**費やした**。

解説 devote A to B「A（時間・努力）をB（仕事・目的）につぎ込む，ささげる」。動詞の devote が主語の Jason や to と少し離れているので注意。connect A to B「AをBにつなぐ」，translate A to B「AをBに訳す，変える」も同じ形をとる。regain「〜を取り戻す」

(5) 解答 4

まず，教授は自分の講義の主題の概要について話した。それから，彼女は**焦点**を変えて詳細に注目していった。

解説 outline「概要」から details「詳細」へと focus「焦点」が移る流れをつかもう。illustration「例証，挿絵」，approval「承認」，correction「修正」

(6) 解答 1

コウモリと鳥の間には明確な**相違点**がある。鳥は卵を産むが，コウモリは子を産む。

解説 distinction「相違（点），区別」。問題文のように，between を伴った表現になることが多い。foundation「基礎」，construction「建設」，execution「執行」

(7) 解答 2

その大企業の面接試験で，トムは自分の新しいマーケティングのアイデア**を**面接官に効果的に**伝え**ようとした。

解説 communicate A to B「A（情報など）をB（人）に伝える，知らせる」。〈動詞＋A＋to＋B〉の構文を見抜けるかどうかがポイントになる。refuse「〜を断る」，cooperate「協力する」，earn「〜を稼ぐ」

(8) 解答 2

スティーブは自分の事務所のぼやを見つけて，**すぐに**消し止めた。彼の素早い反応が多くの命を救ったのかもしれないと，消防署は後に語った。

解説 第2文中にある his quick reaction から，スティーブが「すぐに」(immediately)「火を消した」(put it out) ことがわかる。relatively「比較的に」，increasingly「ますます」，unnaturally「不自然に」

(9) 解答 3

ジムのところのコミュニティセンターでは，生け花，絵画，外国語学習など，**さまざまな**講座が開講されている。

解説 various「さまざまな，いろいろな」。空所は続く名詞 courses を修飾する形容詞である。including「〜を含む」は例を示すときによく使われる表現で，この部分がヒントになる。violent「暴力的な」，extreme「極端な」，strict「厳しい」

(10) 解答 1

前任の営業部長が会社を退職し，エマが新しい部長になった。そのような重要な役職を**任され**，彼女は喜んでいる。

解説 assign *A* to *B* は「*A* を *B*（仕事・責任など）に割り当てる」で，問題文のように受け身の be assigned to で「(主語［人］は)（仕事・任務などに）配属される」の意味を表すのによく使用される。assume「〜と仮定する」, commute「通勤する，〜を交換する」, occupy「〜を占める」

(11) 解答 2

スーザンは昇給を望んでいたのだが，上司と会うといつも気弱になって話**を切り出せ**なかった。

解説 bring up「（提案・話題など）を持ち出す」。〈bring「持ってくる」＋ up「表面へ，現れて」〉のイメージで覚えよう。break on「〜に波が打ち寄せる」, make up「埋め合わせる」, catch on「理解する」

(12) 解答 4

いかなる外国でも，その国への訪問者はその国の法律**の支配下に置かれる**ので，滞在中はそれらに必ず従わなければならない。

解説 この文の前半と後半はほぼ同じことを述べている。should be sure to obey ...「〜に必ず従わなければならない」は are subject to「（法律・規則など）に従う，の支配下にある」の言い換え。gain on「〜に近づく」, fall for「〜に乗せられる」, base on「〜に基づく」

(13) 解答 2

サンディはたとえ大きなプレッシャーにさらされても，必ず自分の仕事**を**どうにかして**続ける**。

解説 carry on with「（務め・仕事）を続ける」。空所前の manage to *do*「何とか〜する」も重要表現だ。

(14) 解答 4

練習中の事故により受けた怪我**をものともせず**，そのスケーターは演技を終え，3位に入賞した。

解説 空所前後の内容を考えると，それをうまくつなげるのは in spite of「〜にもかかわらず，〜をものともせず」だとわかる。according to「〜によれば」, opposite to「〜とは反対に」, instead of「〜の代わりに」。

(15) 解答 **1**

マイクとジェリーは一晩中**交替で**エンジン修理の作業に取り組んだ。こうすることで，お互いに休む機会を確保できた。

解説 第2文で「休む機会ができた」とあるので，「交替で」(by turns) 作業をしたとわかる。turnには「順番」の意味がある。in turn「今度は，順に」，in *one's* turn「～の番になって」も覚えておきたい。

(16) 解答 **4**

ジュンは，ストライカーとして加わって以来，学校のサッカーチームを**一変**させた。昨年チームは3勝しかしなかったが，今年はすでに10勝している。

解説 第2文の内容から，ジュンが「(大きな) 違いをもたらした，影響を与えた」(made a (big) difference) とわかる。この場合のdifferenceは「以前と比較しての違い」→「重大な変化，影響」という意味である。

(17) 解答 **3**

アーリンは新しいアパートに引っ越したとき，ゴミの捨て方の決まりを**知ら**なかったので，近所の人に尋ねなければならなかった。

解説 be aware of「～に気付いている，知っている」。空所後のofがヒントになる。angryは怒る対象が物・事のときはat / about / over，人のときはwith / atが続く。confident「確信して」，bad「よくない」

(18) 解答 **1**

昨晩の嵐によるがけ崩れのため**破壊された**ので，村から都市へと至る道路は通行止めになっている。

解説 選択肢から分詞構文を成すと推測できる。主節の主語the roadから，空所は「破壊された」という意味を表すと考えられるので，受け身を表す過去分詞のdestroyedを選択する。

(19) 解答 **2**

もしマービンが10代のころもっと足が速け**れば**，おそらく学校の陸上部の一員になっていただろう。

解説 帰結節が〈would＋完了形〉になっているので仮定法過去完了の文であるとわかる。条件節の動詞は過去完了形となる。

(20) 解答 **2**

ミカは，自分のブーツのヒールが取れたので，**修理して**もらうために靴の修理店にブーツを持っていった。

解説 get O CのCに入る動詞の形を問う問題。Oに当たるit（=boot）とCに当たる空所の関係は「修理される」となるのが適切なので，受け身を表す過去分詞fixedが正解。なお，getはこの用法のときはCに動詞の原形をとらないのでbe fixedやfixを選ばないように。

筆記 2A　　　　　　　　　　　　　　　　　　　　　　問題 p.166

生体工学

　　義手や義足は，身体が不自由な人が動き回るのを助ける。しかし大部分の義肢は**いまだに，不便なものでしかない**。本物の人間の腕や脚の柔軟性や強さを持っていないのである。そこで何人かの科学者たちが，より複雑な道具を造るという難問に挑んでいる。これらの科学者たちは生物模倣，より一般には生体工学と呼ばれる分野で研究を行っている。

　　通常の人間の腕以上のことができる人工腕を作製することは，実は成し遂げるのが特に難しい課題ではない。そのようなロボット型の腕は，現代の多くの工場で一般的である。また，カメラのレンズのようにズームイン・ズームアウトすることができる人工眼を作製することも難しくはない。問題は，こうした種類の先進的な機械を人体に接続することである。

　　問題の一つは，脳を体のほかの部分につなぐ細胞である神経系が，極めて複雑だということである。正確な人工腕を作るには，肩のところで何百万もの神経細胞にどうにかしてつなげなければならない。人工眼もまた，それを使えるようにするには，眼球にあるそうした神経細胞とつなげなければならない。科学者たちは，これを行う方法を完全にはわかっておらず，**従って**進歩の度合いもそれに応じて遅々としている。身体が不自由な人が歩くことを可能にする人工の脚や，目が見えない人を物が見えるようにする人工眼の開発からは，われわれは程遠いところにいる。

　　しかし，身体が不自由ではない人々の能力を向上させることができる生体工学においては，より多くの進展があった。これらの生体工学装置は，人間の神経細胞の端につながっている必要はない。その代わりに，それらは健康な人の外部や表面に取り付けられる。人体に付けられているこれらの新しい「外骨格」のいくつかは，着用者が大きな物体を持ち上げたり，工具を使った作業をより正確に行うことを可能にする。科学者たちは，人体の生まれながらの状態を向上させるための**方法を考え出し**続けているのである。

NOTES

☐ physically challenged
　身体の不自由な
☐ artificial limb
　義肢

☐ nervous system
　神経系

☐ visually challenged
　目の見えない人

☐ breakthrough　進展

(21) 解答 **1**
解説　義手や義足は身体が不自由な人が動き回るのを助けると前文にあり，空所を含む文には逆接のhoweverがあるので，大部分の義肢はare still very limited「いまだに，不便なものでしかない」を選ぶ。
　2「高価な傾向がある」
　3「もう作られていない」
　4「維持するのが容易ではない」

(22) 解答 **3**
解説　前文までに，人口腕や人口眼を神経細胞につなげる難しさが述べられていて，空所の直前には「科学者たちはこれを行う方法を完全にはわかっていない」とあるので，空所直後の「進歩の度合いもそれに応じて遅々としている」とつなげるには and so「従って」が適切。
　1「それにもかかわらず」
　2「たとえそうでも」
　4「～である限り」

解答・解説

(23) 解答 **2**

解説 空所を含む文は，文章全体をまとめる文である。空所後の to improve …との組み合わせを考え，Scientists continue to come up with ways 「科学者たちは…方法を考え出し続けているのである」とすると，良いまとめの文となる。
 1 「チケットを渡す」
 3 「ほかの人たちと口論する」
 4 「さまざまな食べ物を生産する」

筆記 2B

問題 p.167

出版すること

　本を出版することは，困難な道のりになることもある。著者が出版社に企画を提出してから，返事をもらうのに 6 カ月から 1 年かかることもある。もし著者が幸運であれば，出版社は企画**に十分な興味を持ち**，その本の完全版が読みたいと要望するだろう。出版社に提出された本のアイデアが採用されるのはごくわずかな割合である。最終的に，著者が成功すると，プロの編集者やカバーデザイナー，校閲者が，彼らの本をより簡単に店頭に出すための援助をできるようになる。

　しかしこの出版方法はあまりにも時間がかかり，**残念な結果に終わることが多い**ので，多くの有望な著者は新たな機会，すなわち自主出版に目を向け始めている。人気のある自主出版の会社の 1 つが，ルルと呼ばれる会社である。ウェブサイトを拠点としたこの出版サービスを通じ，著者は自分の本のレイアウトを作るためのひな形や，挿絵を入れるなどのアプリケーションを使う。自分の本が完成したら，著者は販売方法を決定する。無料，もしくは有料でダウンロードを許可してもいいし，小売書店で売ることもできる。それよりも多くの場合で，著者はルルにオンデマンド印刷をしてもらっている。これはつまり，オンラインで本が 1 冊注文されるたび，この会社は本を 1 冊印刷し客に直接発送するということである。この方法だと，売れるまでは誰も実際の本の在庫を抱える必要がない。

　最近，大学の教授たちがこの新しい出版方法を，いくつかの利点から使用するようになった。自分たちの授業のために選択できる教科書はたいてい時代遅れで，多くの教授たちは自分専用の教科書を出版してもらうのに時間を費やしたくないと考えている。教授たちはまた，プロ編集者にある情報を変更したり削除したりするように言われるのがいやで，この選択肢を選んでいる。**言い換えれば**，ルルだと，自分の授業に一番合うと思われる内容なら何でも入れることのできる自由があるのである。さらに，最新の情報をいつでも教科書に加えることができ，教授たちは無料，もしくは従来の方法で出版された本よりも安い費用でダウンロード版を提供することができるのである。

(24) 解答 **3**

解説 空所を含む文頭に If a writer is lucky 「もし著者が幸運であれば」とあることから，be interested enough in を選び，「(出版社が本の完全版を要望する) **ほど関心を持つ**」とする。
 1 「〜を熟慮することをためらう」
 2 「〜を我慢する」
 4 「〜について強い懸念を示す」

NOTES

□ proposal　提案

□ proofreader　校閲者

(25) 解答 **1**

解説　空所を含む第2段落第1文は，前半の節で前段落の内容を受け，後半の節でこの段落の方向性を示唆する働きをしている。この2つの節の関係を示唆するhoweverに注目し，often ends with disappointment「期待はずれで終わることが多い」とするのがふさわしい。
　2「いつも大きな利益を生み出す」
　3「必ずベストセラーになる」
　4「オンラインで世界的に販売される」

(26) 解答 **2**

解説　前文に「教授たちはプロ編集者にある情報を変更したり削除したりするように言われるのがいやで，この選択肢（＝ルル）を選んでいる」とあり，空所を含む文では「ルルだと自分の授業に一番合うと思われる内容なら何でも入れることのできる自由がある」と，前文と同様の内容が述べられているので，In other words「言い換えれば」を選ぶとうまくつながる。
　1「それにもかかわらず」
　3「それでもやはり」
　4「そうではなければ」

筆記 3A

問題 p.168〜169

発信人：タラ・ステイグラー <tara.steigler@blakewell.net>
宛先：トム・ウィンストン <tom.winston@ace1manufacturing.com>
日付：2016 年 4 月 25 日
件名：前回の会合

ウィンストン様,

　急にお願いしたにもかかわらず，私と昨日会ってプレゼンテーションを聞いていただくことに同意していただき，ありがとうございました。そのときは当社が行っていることについての短い概要しかご説明できませんでした。当社についてのより詳細なデジタル版のパンフレットを添付いたします。

　お話をしたとき，当社の価格についてご心配されていたことは，承知しております。具体的には，競合他社より 15 パーセントほど割高であることをあなたはご指摘されました。これが高額過ぎるように思える理由は当社でもわかっております。しかし，当社が通常，他社より高額な料金を請求するのは，当社のサービスが世界で一流だからです。デジタル版のパンフレットでは，当社が行ってきたことのすべてに非常に満足してくださっている，ほかの主要なお客様についてお読みいただけます。貴社の会計のニーズのすべてをお世話するだけではなく，金融テクニックと法律についてのコンサルティングも定期的に行っております。当社の広範囲にわたるサービスが，差し上げる価格見積り書に含まれています。

　添付書類をご覧いただいてから，近々またお会いして，当社がどのように貴社のお役に立てるかお話し合いができれば幸いです。

敬具

タラ・ステイグラー
シニア・アソシエイト
ブレークウェル会計・コンサルティング

NOTES

- brochure　パンフレット
- specifically　具体的には
- attached　添付された

(27) 解答 **1**

ステイグラーさんは昨日何をしたか。
　1 彼女の会社のサービスをウィンストンさんに紹介した。
　2 彼女のデジタル会計会社に参加するようウィンストンさんに頼んだ。
　3 新しい経理の職についてウィンストンさんに教えた。
　4 製品パンフレットを印刷するというウィンストンさんの売り込みを受け入れた。

解説　第1段落第1文から昨日ウィンストンさんと会ったこと，さらに，第2文から会社の業務内容を説明したことがわかる。（Eメール）what our company does →（選択肢）her company's servicesの言い換えに注意。

(28) 解答 **2**

ステイグラーさんは，彼女の会社について何と言っているか。
　1 案件によっては最も手ごろな価格を提供する。
　2 得意先のすべての要求を完全に援助する。
　3 多くの国々に支店を持っている。
　4 もしサービスが不十分ならば返金する。

解説　第2段落の，価格に関してウィンストンさんが不満を持っていることに対するステイグラーさんの説明の内容を把握すれば，正解は **2** とわかる。

(29) 解答 **3**

ステイグラーさんがウィンストンさんにやるべきだと言っているのは
　1 最新の会計法を見直す。
　2 同封の資料に署名して返却する。
　3 じきにもう一度彼女に会う。
　4 彼の会社についてもっと彼女に話す。

解説　最後の段落に，添付書類を見てもらってから，近々また会いたいと書かれている。（Eメール）soon →（選択肢）shortlyの言い換えに注意。

解答・解説

筆記 3B

問題 p.170〜171

森林破壊

多くの人々は，二酸化炭素（CO_2）のレベルを上げる原因となる，工場や車による大気汚染を心配している。高レベルの CO_2 は地球温暖化につながる。しかし，木を失うことの方が大気汚染よりもさらに深刻な要因なのだ。非常に多数の木が切り倒されるとき，それは森林破壊として知られ，CO_2 の増加の原因の 90 パーセントを占めている。森林破壊によるこの重大かつ相関的な影響力は，環境保護主義者の大きな懸念の元になっている。

森林破壊の見た目の結果は，誰の目にも明らかである。17 世紀のアメリカ大陸に存在した木々のうち，今日まで残っているのはほんのわずかである。同じことがヨーロッパの大部分についても言える。昔のアメリカ中西部やドイツの平原にあった奥深い森林は，大部分が切り払われてしまった。森林破壊は，20 世紀に入ってからは北アメリカとヨーロッパではその速度を落としている。しかし発展途上の多くの地域では，驚くべき割合でその速度を増している。これは特に，東南アジアとブラジルの熱帯雨林において言えることである。

これらの国々で森林破壊が急速に増加するのには，多くの理由がある。両地域とも，多数の貧しい人々が，農地を離れて熱帯雨林地域に移住することを余儀なくされてきた。土地を持たないこれらの人々は，「焼き畑式」農民になるだろう。彼らはこれらの熱帯雨林のあちこちを移動し，木を焼き払う。それから木の灰に覆われた土地に作物を植える。作物が成長した後は，熱帯雨林の別の地域に移動し，この行動を繰り返す。

木材会社も，熱帯雨林の広い地域の木を切り倒す。彼らは，紙を原料としたいろいろな素材を作るのにその木を使用する。発展途上国の政府は，この種の活動が経済成長を促進するため，これを制限することを躊躇する。例を挙げると，タイとインドネシアは世界の木材輸出大国である。企業や焼き畑式農民は短期的な利益を得るかもしれないが，熱帯雨林とわれわれの大気に与えられる損害は計り知れない。世界中で木が倒れるにつれ，われわれの地球はさらに暑くなり，空気はさらに汚れるだけなのだ。世界の森林での活動で利益を得ている会社は，このことを考慮するべきだ。

NOTES

☐ carbon dioxide
　二酸化炭素

☐ rainforest　熱帯雨林

☐ logging
　（木材の）伐採搬出

(30) 解答 3

なぜ森林破壊は，大気汚染よりも深刻な問題であると考えられるのか。
1 車や工場よりもはるかに多くの木があるから。
2 高いCO_2濃度は広い地域の木を枯らすから。
3 木の不足が気候変化の原因となるから。
4 地球温暖化が多くの木の枯死を引き起こしているから。

解説 第1段落第4文から大規模な森林伐採がCO_2の増加の大きな要因になっていることがわかる。CO_2の増加が地球温暖化につながることは，その前の第2文に記されている。

(31) 解答 2

森林破壊について，文章からわかることの一つは何か。
1 世界中でそれに関する各国の政策がはっきりしていない。
2 発展途上国は今やその問題に，より深く関与している。
3 先進諸国が20世紀中ごろにそれを増大させた。
4 アメリカとヨーロッパは，それに関して異なる経験をしている。

解説 第2段落第5文に，北米とヨーロッパでは20世紀に入って森林破壊の速度が低下したとあり，続く第6文に発展途上国でその速度が増していることが記されている。

(32) 解答 3

貧しい人々が時々，森林破壊を引き起こすのは
1 新しい農場をほかの場所で始めるため，熱帯雨林を離れることによって。
2 自分たちの作物を焼き払う偶発的な火災を引き起こすことによって。
3 有害な農耕方法を採用することによって。
4 1つの地域で非常に長い間耕作することによって。

解説 第3段落では，貧しい人々が焼き畑式農業を余儀なくされ，それが森林破壊の一因になっていることが説明されている。slash and burn ＝「切り払って燃やす→焼き畑式」。

(33) 解答 3

もし伐採が続くと起こるかもしれないと，文章が示唆していることは何か。
1 経済発展の速度が落ち始めるかもしれない。
2 政府がそれを規制し始めるかもしれない。
3 それに伴う損失が間もなく利益を上回るかもしれない。
4 私たちは紙製品を使い尽くしてしまうかもしれない。

解説 第4段落第5文に，木材会社や焼き畑式の農民が短期的な利益を得ても，熱帯雨林や大気に対する損害は計り知れないとある。正解の**3**はこのgains「利益」とdamage「損害」という対比をbenefitsとcostsにそれぞれ言い換えている。

解答・解説

筆記 3C

問題 p.172〜173

健康の感知

患者が入院して時間を過ごした後に，家に戻ることが困難になることがある。体が弱って疲れているのにもかかわらず，自宅で新しい薬を飲むのに慣れなければならないことがよくあるという理由で，これは特に当てはまる。こうした変化が理由で，例えば心臓疾患を持つ患者全体のうち 25 パーセントが退院後 30 日以内に病院に戻ってきてしまうことを，病院のデータは示している。だが最近，カリフォルニア州に拠点を置く企業であるプロテウス・デジタル・ヘルスが，患者の自宅療養をより楽にする助けとなる装置を開発した。

この装置は砂粒ほどのマイクロチップで，錠剤の内部に収められる。患者が錠剤を服用すると，胃酸がマイクロチップ上の金属と反応し，電気を起こす。これが患者の肌に張られた特殊なステッカーによって検知される。その情報はそれから携帯端末へと送られ，介護者に錠剤が服用されたことが知らされる。またこのマイクロチップは患者の心拍数や運動量，そして薬に対する体の反応も感知する。こうした情報はすべて，医師，家族，そのほかの介護者など患者の許可を得た人々が，携帯端末で見ることができる。

このシステムにより，今や医師は血液検査やそのほかの処置をすることなく，薬に対して患者の体がどう反応するかを知ることができる。それから医師は患者特有の必要性に応じて薬を変えることができる。同じように，家族の誰かが，患者が毎日飲まなければならない錠剤をまだ飲んでいないのを携帯電話で見たら，患者にそれを飲むよう思い出させることができる。このようにして，このマイクロチップは患者がスケジュール通りに薬を服用することや活動を行い続けること，そして介護者とのコミュニケーションを改善することを助ける。また家族は，患者が医師の指示に従っているのを知れば安心する。

2012 年にアメリカ合衆国でこの技術が導入されて以来，良好な結果と，患者と介護者の両方からの肯定的なフィードバックに支えられ，更なる実験が進められている。プロテウス・デジタル・ヘルスはその技術を，次は糖尿病のような持病のある患者のために使うことを計画している。彼らはマイクロチップに血糖値を測定する能力を加えることで，これを行うつもりだ。世界中の研究者たちはまた，現在同様の技術を使って，特定の病気を症状が出る前に検知している。結局のところ，これから数年のうちにこの技術はますます多くの人々を助けることになりそうである。

(34) 解答 1

患者が病院を退院してから，自宅で困る可能性があるのは
1 彼らの薬が変更されるから。
2 彼らは理学療法を受けなければならないから。
3 彼らはたいてい一人暮らしだから。
4 彼らは薬のせいで疲れてしまうから。

解説 第1段落第1文で退院後の患者が自宅で困難に陥る可能性が述べられ，第2文の because 以降でその理由が示されている。new medicine は入院中の薬とは別の薬であることを示している。薬と疲労感の因果関係は示されていないので，**4** に引っ掛からないよう注意。

NOTES

- pill 錠剤
- stomach acid 胃酸
- caregiver 介護者
- experimentation 実験
- blood sugar 血糖

(35) 解答 **3**

患者がいったん錠剤を服用すると起こることの一つは何か。
1 介護者が携帯機器を使って錠剤の活動を制御できる。
2 特殊なステッカーが患者の心拍数に1日中影響する。
3 錠剤の中の装置が患者の胃の中で作動し始める。
4 許可を得た人々が患者の胃を見ることができる。

解説 第2段落第2文で，錠剤を服用すると，胃の中で（錠剤の中にある）マイクロチップ上の金属が電気を起こすことが記されている。許可を得た人が見ることができるのは胃から送られる情報で，胃そのものではないので，**4** に引っ掛からないように。

(36) 解答 **4**

新しいシステムはどのようにして家族を助けるか。
1 家族は必要なときに患者の服用する薬を変更できる。
2 検査や処置のことで家族が患者とのコミュニケーションをとるのを助ける。
3 家族が患者の主治医といつでも直接連絡を取るのを楽にする。
4 患者の活動についての情報を知らせ，家族の心配を減らす。

解説 第3段落ではマイクロチップを使ったシステムの利点が説明されている。第3文で家族は携帯電話で患者が薬を飲んだかどうか知ることができることが述べられ，段落最後の文で医師の指示を守っていることを知ることで家族は安心できることが述べられている。患者が薬を飲む行為を正解では about the patient's activities と簡潔にまとめている点に注意。薬の変更を判断するのは医師なので，**1** に引っ掛からないよう注意。

(37) 解答 **4**

プロテウス・デジタル・ヘルスが望んでいるのは
1 自分と同じ病気がほかの人にあるのかを判断する方法を患者に教える。
2 患者を治すためにマイクロチップを通じて治療を施せるようになる。
3 新しい実験の一環として血糖値の検査を無料で提供する。
4 マイクロチップに変更を加え，特定の病気を持つ人々を助けられるようにする。

解説 第4段落第2文に糖尿病患者への応用計画が，第3文では血糖値を測る機能をマイクロチップに加えることが，それぞれ書かれている。（本文） diseases such as diabetes →（選択肢） specific diseases，（本文） adding ... the ability to measure a patient's blood sugar →（選択肢） make a change と，本文の表現をより漠然とした表現で言い換えた **4** が正解。

(38) 解答 **1**

以下の記述のうち，正しいものはどれか。
1 選ばれた者のみがマイクロチップで集めた情報を見ることを許されている。
2 プロテウス・デジタル・ヘルスは新しい病気を研究するために世界中の研究者を雇っている。
3 すべての心臓病患者のうち25パーセントが30日間入院している。
4 患者たちはマイクロチップから錠剤を飲むよう指示される。

解説 第2段落最後の文に，患者の許可を得た人が情報を見られるとあり，**1** が正解。（本文） people who have the patient's permission →（選択肢） the selected people と言い換えられている。第1段落第3文に「心臓病患者の25パーセントは退院後30日以内に病院に戻ってくる」とあり，**3** は間違い。第3段落第3文によれば，マイクロチップの情報を得て薬の飲み忘れを患者に伝えるのは家族なので，**4** も間違い。企業の新しい計画は第4段落で述べられているが，企業と世界中の研究者との関係の言及ではないので，**2** も違う。

NOTES

- ban　〜を禁止する
- tip　先端
- cigarette　たばこ
- might　〜かもしれない
- get burned　やけどする
- ash　灰
- habit　習慣
- illegal　違法の

解答・解説

筆記 4

問題 p.174

解答例

In my opinion, smoking in public places should be banned in all cities. Firstly, doing this will make the streets safer for everyone. Smokers are not careful about the burning tip of their cigarettes when they walk around. Some people might get burned by a careless smoker. This will also make the streets cleaner, because there will be less ash and cigarettes on the ground. Smokers often carelessly drop their cigarettes after they finish smoking. It is a bad habit. For these reasons, all cities should make smoking in public places illegal to make the streets safer and cleaner.　（99語）

TOPIC
近年，多くの都市が歩道やそのほかの公共の場所での喫煙を禁じるようになってきています。すべての都市がそうすべきだと思いますか。
POINTS
●安全性
●健康
●権利

解答例

私の意見は，公共の場所での喫煙はすべての都市で禁じられるべきだということです。第一に，そうすることで誰にとっても街頭がより安全になります。喫煙者は歩いているときに燃えているたばこの先端に注意を払っていません。不注意な喫煙者のせいでやけどをしてしまう人がいるかもしれません。また，喫煙を禁じることで街頭をよりきれいにすることができます。地面に落ちる灰や吸い殻が減るからです。喫煙が終わった後で，喫煙者はしばしば不用意にもたばこを落としてしまいます。これは悪い習慣です。これらの理由から，街頭をより安全にそしてより清潔に保つために，すべての都市は公共の場所での喫煙を違法とすべきです。

解説

> この問題では，「公共の場所での喫煙の禁止」について賛否を述べることが求められている。解答例では「賛成」の立場を表明し，「安全性」と「清潔さ」の観点から２つの理由を挙げている。

■序論
　導入の語句にIn my opinionを使い，そこから自分の「意見」を続け，smoking in public places should be banned in all cities「公共の場所での喫煙はすべての都市で禁じられるべきである」と記している。これはTOPICのsmokingを主語にして「受動態」で書き換えたものである。このように「能動態」→「受動態」への書き換えは英作文の重要なポイントである。
　ban「～を禁止する」は広く利用できる動詞なので確実に覚えたい。助動詞のshouldは「～すべきである」の意味で，自分の主張を表すときに使う（p.66参照）。

■本論
　１つ目の理由は「安全性」に関しての記述である。ここでは，歩行中の喫煙者は自分のたばこの火に十分注意を払っておらず，この火に接触することで，Some people might get burned by a careless smoker.「不注意な喫煙者のせいでやけどを負う人がいるかもしれない」と言及している。歩行中の喫煙で周囲の人々の安全性が損なわれるので「喫煙禁止に賛成する」との主張である。
　このget burned「やけどを負う」のような〈get＋過去分詞〉は便利な表現なのでぜひとも覚えておこう。ほかにget hurt「けがをする」，get excited「興奮する」，get married to「～と結婚する」などがある。
　２つ目の理由は「清潔性」の観点から述べている。喫煙者は不注意から吸い殻を落とすことも多いので，This will also make the streets cleaner, because there will be less ash and cigarettes on the ground.「（喫煙を禁じることで）灰や吸い殻が少なくなるので，街頭がもっときれいになる」と指摘している。ここでは副詞のalso「さらに，重ねて」を文中で使い，これが２番目の理由であることを示している。
　ほかの理由として「健康」の観点から，smoking is bad for health「健康に悪い」ということやlung cancer「肺がん」などの病気になりやすいと論じることができるだろう。また，Passive smoking is a serious problem because it may harm people around the smoker.「喫煙者の周りの人に悪影響を及ぼすことがあるので受動喫煙は深刻な問題である」という点も論拠になる。

■結論
　For these reasonsを用いているが，結論を導く表現として利用範囲が広いので，ぜひとも覚えておきたい。さらに続けて，all cities should make smoking in public places illegal ...「すべての都市は公共の場所での喫煙を違法とすべきだ」としている。これは，TOPICと同じall citiesに主語を戻しているが，文全体を〈S＋V＋O＋C〉の文型でまとめている。このように「喫煙を禁止すべき＝喫煙を違法とみなすべき」のように，「文構造の書き換え」にも留意して作文を進めるようにしたい。

■『反対』の立場ならば
　「権利」の観点から，Everyone has the right to smoke outside.「誰しもが外で喫煙する権利がある」などの点を述べるとよいだろう。また，Heavy taxes are imposed on cigarettes and all smokers pay the taxes.「たばこには重い税金がかかっており，喫煙者はその分お金を払っている」という視点も考えられるだろう。

NOTES

□ passive smoking
　受動喫煙

□ harm　～を傷つける

解答・解説

リスニング 第1部　44〜59

問題 p.176〜178

No. 1　解答　**4**

★：Jenny, did you get your ticket for that business trip to London?
☆：I don't need to anymore.
★：What happened? Did the client cancel the meeting?
☆：No, but they agreed to have a videoconference via the Internet.
Question: Why isn't Jenny going to London?

　★：ジェニー，ロンドン出張のチケットは手に入れたかい？
　☆：もう必要ないのよ。
　★：何かあったの？　顧客が会議を取り消したの？
　☆：いいえ，先方がインターネットでのテレビ会議をすることを了承したの。
　質問：なぜジェニーはロンドンに行かないのか。
　　1 顧客が彼女を訪問するから。
　　2 チケットを見つけるのに問題があったから。
　　3 商談が取り消しにされたから。
　　4 インターネットで会議が行われるから。

解説　男性の質問にジェニーが何と答えるかを集中して聞き取ろう。質問文ではジェニーのロンドン出張がなくなった理由が問われているが，ジェニーの2番目の発言からわかる。会議は中止になったのではなく，インターネットでのテレビ会議に変更になったと言っている。

No. 2　解答　**1**

★：I really need to do something, Becky. I've gained 4 kilograms over the last few months.
☆：That's really unhealthy, Walter. Have you thought about exercising regularly?
★：Yeah, but I just have so much to do at work. I can't find any time to go to the gym or anything like that.
☆：Try to work out at least 45 minutes a day. If you cut down on cakes and candy, you'll feel a lot better, too.
Question: What is Walter's problem?

　★：本当に何かする必要があるんだよ，ベッキー。ここ2，3カ月で体重が4キロ増えたんだ。
　☆：それは本当に不健康ね，ウォルター。定期的に運動しようと考えたことはある？
　★：うん，でも仕事でやらなくちゃいけないことがたくさんあってね。ジムとかに行く時間が全然ないんだ。
　☆：1日に少なくとも45分は運動するようにしないと。それに，ケーキとキャンディーを減らせば，ずっと調子も良くなるはずよ。
　質問：ウォルターの問題は何か。
　　1 彼は体重が増えた。
　　2 彼は運動をし過ぎている。
　　3 彼はジムを見つけられない。
　　4 彼はケーキやキャンディーを手に入れられない。

解説　会話のトピックを尋ねる問題。冒頭の発言でそれが説明されている。最初の文はI really need to do somethingと問題がはっきりしないが，具体的な説明が続くことを予測し次に集中しよう。

NOTES
- videoconference テレビ会議

No. 3 解答 **4**

★ : Hey, Melissa, is it true you speak Spanish?
☆ : Yes, both my parents are from Argentina. Why do you ask, Nick?
★ : Well, I'm hoping you can help me. I want to travel to Mexico this summer but I'm really struggling in my Spanish class.
☆ : I'd be glad to help you out. Let's meet and have a lesson tomorrow at lunchtime.

Question: What is one thing we learn about Melissa?

★ : やあメリッサ，スペイン語を話せるって本当かい？
☆ : ええ，両親がアルゼンチン出身なの。どうして聞くの，ニック？
★ : あのさ，手伝ってほしいんだ。今年の夏にメキシコを旅行したいんだけど，スペイン語の授業で本当に苦労しているんだ。
☆ : お役に立てればうれしいわ。明日のランチタイムに会ってレッスンをしましょう。
質問：メリッサについてわかることの一つは何か。
　1 彼女はスペイン語を学んでいる。
　2 彼女はアルゼンチン出身である。
　3 彼女はメキシコに行きたいと思っている。
　4 彼女は言語を教えるつもりだ。

解説 会話の前半からメリッサがスペイン語を話せること，後半からニックがメリッサにスペイン語の学習について助けを求めていることを把握したい。こうした文脈から，メリッサの2番目の発言の have a lesson は，彼女がスペイン語を教えることだと判断する。メリッサの両親はアルゼンチン出身だが，彼女自身の出身地については語っていないので，**2** に引っ掛からないよう注意。

No. 4 解答 **2**

☆ : I saw you looking around the shop, sir. Could I be of assistance?
★ : I'm going to paint the inside of my house this week, so I'm searching for brushes, rollers, and, of course, paint. Are you the owner here?
☆ : No, just an assistant, but interior decorating is my specialty. Do you have a specific color in mind?
★ : My wife prefers blue. I'd first like to see what color shades you have.

Question: What does the man plan to do this week?

☆ : お客様，何かお探しのようにお見受けいたしました。お手伝いいたしましょうか。
★ : 今週，家の内部を塗装するつもりなんです。そこで，ブラシとローラー，もちろん塗料も探しているのです。あなたはここの店長ですか。
☆ : いいえ，店員ですが，室内装飾は私の専門です。具体的な色は決めていらっしゃいますか。
★ : 妻は青が好きなんですよ。まずどんな色合いのものがあるのか見たいのです。
質問：男性は今週，何をするつもりか。
　1 新しい家を購入する。
　2 自宅のインテリアを変える。
　3 室内装飾業者に助言を求める。
　4 妻と店に戻る。

解説 冒頭の女性の発言から，店員と客の会話だとわかる。何の店で，男性客の用件は何かに注意しよう。男性の今週やろうとしている計画は，男性の最初の発言からわかる。paint the inside of my house という具体的な表現を正解の選択肢では Change his home's interior. と，漠然とした表現に言い換えている。

□ assistant　店員

解答・解説

No. 5 解答 **2**

☆ : Ralph, how about going out for lunch with me and some of the new staff? It'd be a great way to get to know them.
★ : I'd love to, Carrie, but I think I'll have to miss lunch today. I have to finish some work first.
☆ : Can you at least take a break? You'll feel refreshed if you do. It'll only take an hour.
★ : Maybe you're right. I'll go, as long as I'm back by two.

Question: What does Carrie want Ralph to do?

☆ : ラルフ，私や新しいスタッフと一緒にランチに行かない？　彼らのことを知るのにとても良い方法よ。
★ : すごく行きたいんだけど，キャリー，今日はランチを抜く必要があると思うんだ。まず仕事を終わらせなくてはいけないから。
☆ : 少しくらいは休めないの？　そうすれば気分転換になるわよ。1時間だけよ。
★ : たぶん君の言う通りだ。2時までには戻るけど，行くよ。
質問：キャリーがしてほしいことは何か。
　1 新しいスタッフを雇う。
　2 ランチに行く。
　3 遅くまで働く。
　4 急いで仕事を終える。

解説　質問文は「キャリー（女性）」が「ラルフ（男性）」にしてほしいことを尋ねている点に注意。質問文を注意して聞き，誤答肢に引っ掛からないようにしよう。

No. 6 解答 **4**

☆ : Have you decided what you'll do after you finish school, Arnold?
★ : I haven't really thought about it much, Sandra. I've got plenty of time.
☆ : We're graduating in just 8 months. Shouldn't you start planning your career?
★ : I don't think so. I'm going to just send out résumés to all sorts of companies, and work for whichever one finally takes me.

Question: What does Arnold plan to do?

☆ : 学校を終えたら何をやるかを決めたの，アーノルド？
★ : 実はあまりよく考えていないんだよ，サンドラ。時間はたっぷりあるからね。
☆ : あとたった8カ月で卒業よ。就職の計画を始めるべきじゃないの？
★ : そうは思わないよ。あらゆる業種の会社に履歴書を送って，最終的に採用してくれる会社ならどこでも働くつもりだよ。
質問：アーノルドは何をしようと計画しているか。
　1 来月に学校を終えること。
　2 現在の会社を辞めること。
　3 履歴書を書き直すこと。
　4 多くの会社に応募すること。

解説　選択肢から会話は就職に関する内容ではないかと予測しよう。男性の最後の発言から，**4**が正解。（放送文）send out résumés to all sorts of companies → （選択肢）Apply to many companies. という言い換えに注意。

□ résumé　履歴書

No. 7 解答 **1**

☆ : Hi. How much is it per hour to rent a swan boat at this park?
★ : It's ten dollars an hour. But I'm sorry, our swan boats are all being used right now. Would you like a rowboat instead?
☆ : Sure. Do I pay now or later?
★ : You'll pay when you're done.
Question: Why couldn't the woman rent a swan boat?

☆ : こんにちは，この公園ではスワンボートをレンタルするのに1時間当たりいくらしますか。
★ : 1時間10ドルです。でも申し訳ありませんが，ちょうど今はスワンボートはすべて使用中なんです。代わりに手漕ぎボートではいかがですか。
☆ : それでお願いします。今払うんですか，それとも後払いですか。
★ : 終わったときにお支払いください。
質問：なぜ女性はスワンボートを借りられなかったのか。
 1 借りられるものがなかったから。
 2 彼女は十分なお金を持っていなかったから。
 3 彼女はそれを使ったことがなかったから。
 4 その公園では手漕ぎボートしか貸していないから。

解説 まず冒頭の女性の発言で場面と状況をしっかり把握する。男性のBut I'm sorry, ... という表現が聞こえたら，続けて「何ができないのか」の説明があると予測し，集中して聞き取る。（放送文）our swan boats are all being used →（選択肢）None were available. と，視点を変えてswan boatを使わない言い換えに注意。

No. 8 解答 **3**

☆ : I need to buy my husband a birthday gift. What would you recommend, Adam? A new shirt?
★ : That'd be useful, Wendy, but what about getting him sports game tickets?
☆ : Wow. I would have never thought of that.
★ : Sure! It'd be a one-of-a-kind present. If he likes sports, he'd be very appreciative. Just think about it.
Question: What is Wendy recommended to do?

☆ : 夫に誕生日プレゼントを買う必要があるの。何かお勧めはあるかしら，アダム？ 新しいシャツはどうかしら。
★ : それはいいね，ウェンディー，だけどスポーツの試合のチケットをあげるなんてどう？
☆ : わあ。それは全く考えなかったわ。
★ : それだよ！ ユニークなプレゼントになるよ。スポーツが好きならとても喜ぶよ。ちょっと検討してごらん。
質問：ウェンディーは何をするように勧められているか。
 1 夫にスポーツシャツを買う。
 2 夫にスポーツのテレビゲームを買う。
 3 夫に試合のチケットをあげる。
 4 アダムを連れていって夫に会わせる。

解説 冒頭のウェンディーのA new shirt?という問いかけに対するアダムのThat'd be useful, Wendy, but ...という逆接表現が聞こえたら，集中しよう。続くwhat about getting him sports game tickets?という提案から正解がわかる。

□ one-of-a-kind 唯一の
□ appreciative 感謝している

解答・解説

No. 9　解答　**4**

☆：Dad, do you think I have any chance of getting into medical school?
★：Of course you do, Julia. You have good grades, and you seem to like biology and other science subjects. There's no reason you couldn't do it.
☆：Thanks, Dad, I'll get on the Internet and get more details about schools tonight.
★：Just be confident!

Question: What will Julia do tonight?

　☆：お父さん，私が医科大学へ進学できる可能性はあると思う？
　★：もちろんあるよ，ジュリア。おまえは成績が良いし，生物やそのほかの科学の科目が好きみたいだ。進学できないわけがないよ。
　☆：ありがとう，お父さん。今晩インターネットに接続して，学校についての詳しい情報をもっと集めるわ。
　★：自信を持ちなさい！
　質問：今晩ジュリアは何をするか。
　　1 薬を服用する。
　　2 父親に成績を見せる。
　　3 生物のテストを再受験する。
　　4 医科大学について調べる。

解説 選択肢の grades, test, schools といった語から，学業が話題ではないかと予測できる。正解の鍵となるのは，ジュリアの2番目の発言。(放送文) get on the Internet and get more details about schools → (選択肢) Research medical schools. という言い換えに注意しよう。

No. 10　解答　**1**

★：I haven't started my science project yet. Have you?
☆：Yeah, and you'd better, too. We have to submit it by this Friday. Have you chosen a topic already?
★：I think I'll explain why the sky is blue.
☆：Great. If you need someone to look it over when you're done, just let me know.

Question: What is one thing the woman says about the science project?

　★：僕はまだ自分の理科の課題を始めていないんだ。君はもう始めた？
　☆：ええ，あなたも始めた方がいいわよ。今週の金曜日までに提出しなければならないんだから。もう主題は決めたの？
　★：空はどうして青いのかを説明しようと思うんだ。
　☆：いいわね。終わってから誰かに目を通してもらう必要があれば，知らせてちょうだい。
　質問：理科の課題について，女性が言っていることの一つは何か。
　　1 提出期限は今週の金曜日である。
　　2 主題は空についてでなければならない。
　　3 彼女は自分の課題はもう終わらせた。
　　4 彼女は自分の資料を男性に貸すつもりだ。

解説 まず冒頭の男性の発言から，2人の学生が学校の課題について話しているという状況を把握しよう。選択肢に目を通してあれば，選択肢 **1** が女性の最初の発言の内容と合っているとわかるが，最後に質問を聞くまで，情報を整理しながらしっかりと聞き取りたい。

No. 11 解答 **3**

★ : Hi, Michelle, this is Mickey. I've been calling you all day.
☆ : Sorry, I was in a meeting. What can I do for you?
★ : Well, it's about the monthly business report you wrote. The boss wants some of it revised. I can e-mail you the parts she wants changed.
☆ : Okay, please do that. And I'll take a look at it.
Question: Why did Mickey call Michelle?

★ : やあ，ミッシェル，ミッキーだよ。一日中電話をかけていたんだけど。
☆ : ごめんね，打ち合わせがあったのよ。どんな用件なの？
★ : うん，君が書いた月次業務報告書についてなんだ。上司がいくつか修正をしてほしいって。彼女が修正をしてほしい部分を僕がメールで送れるよ。
☆ : わかった，そうしてちょうだい。見てみるわ。
質問：なぜミッキーはミッシェルに電話したのか。
　1 月次報告書の締め切りを変更するため。
　2 上司の打ち合わせについて彼女に尋ねるため。
　3 上司の要求を伝えるため。
　4 彼女の新しいEメールアドレスを得るため。

解説　選択肢から業務についての会話であることが予測できる。正解はミッキーの2番目の発言からわかる。放送文では上司がミッシェルにしてもらいたいことが具体的に述べられているが，選択肢ではTo pass on the boss's request.と簡潔な言い回しに言い換えられている。

No. 12 解答 **1**

☆ : The price on this sofa is pretty good. How much would delivery be?
★ : We ship free to your home or office for any purchase above 500 dollars.
☆ : That's not bad. I'm not sure if I'll buy anything yet. I want to look at your selection for a while first.
★ : Of course, ma'am. Please take your time.
Question: What is one thing the woman says about the piece of furniture?

☆ : このソファの値段はすごく手ごろだわ。配送費はいくらですか。
★ : 500ドル以上お買い求めでしたら，ご自宅でも会社でも無料で配送いたします。
☆ : 悪くないわね。まだ何かを買うかどうかはっきりしてないの。まずしばらくの間，品ぞろえをざっと見て回りたいわ。
★ : かしこまりました，お客様。どうぞごゆっくり。
質問：女性がその家具について言っていることの一つは何か。
　1 価格が手ごろである。
　2 配送費が高い。
　3 スタイルが家に合う。
　4 品ぞろえが少ない。

解説　選択肢から，商品に関する店員と客のやりとりではないかと予測できる。女性の最初の発言から**1**が正解。(放送文)The price on this sofa is pretty good. →（選択肢）Costs are reasonable.の言い換えに注意。

解答・解説

No. 13 解答 **3**

- ★ : Ma'am, can I help you with anything?
- ☆ : Do you have any of that Summer Wind perfume? That's my usual brand.
- ★ : We're out of that right now, but we do have Purple Rose. It's very popular. Would you like to smell it?
- ☆ : No, I'd prefer to buy something I already know well. I'll have a look somewhere else. Thanks.

Question: What will the woman do?

- ★：お客様，何かお探しでしょうか。
- ☆：サマー・ウインドの香水はありますか。いつも使うブランドなの。
- ★：ただいま在庫切れとなっておりますが，パープル・ローズでしたらございます。とても人気の商品となっております。香りをお試しになられますか。
- ☆：いいえ，よく知っているものの方がいいわ。ほかで探します。ありがとう。
- 質問：女性は何をするか。
    1 パープル・ローズの香水を買う。
    2 人気ブランドを見る。
    3 ほかの店で香水を探す。
    4 店員に助言を求める。

解説 冒頭の男性の発言から，店員と客の会話だとわかる。何の店で，女性客の用件は何かに注目しよう。正解の決め手となるのは，女性の最後の発言 I'll have a look somewhere else.（放送文）have a look →（選択肢）Shop for の言い換えに注意。

No. 14 解答 **1**

- ★ : Have you heard about Shellie? She's getting married to Alfred from the marketing department.
- ☆ : Wow, I never even knew they were going out together. When's the big day?
- ★ : On June 27th. They are going to invite us. Then, they plan to honeymoon in Jamaica.
- ☆ : I'm very happy for them, but unfortunately I already have plans for the 27th.

Question: What are these people talking about?

- ★：シェリーについて聞いたかい？ マーケティング部のアルフレッドと結婚するんだって。
- ☆：わあ，2人が付き合っていることさえ知らなかったわ。結婚式はいつなの？
- ★：6月27日。僕たちを招待してくれる予定だよ。それから，2人はジャマイカに新婚旅行に行く計画みたい。
- ☆：すごくうれしいんだけど，残念ながら27日はすでに予定が入っているの。
- 質問：2人は何について話しているか。
    1 同僚の結婚。
    2 ジャマイカ出身の同僚。
    3 マーケティング部との問題。
    4 6月27日の重要な会議。

解説 選択肢の colleague, marketing department, meeting などの語から，話題は会社の同僚もしくは仕事に関することではないかと予測できる。会話に出てくる getting married, honeymoon などが決め手になる。

□ big day　重要な日

No. 15 解答 **3**

☆：Excuse me, does this train go to Paris?
★：No, this one goes to Lyon.
☆：Oh no! I'm in the wrong place.
★：Don't panic. This is Track 6. You need Track 9. Turn left here and keep going until you get to the track you need.

Question: What is the woman's problem?

☆：すみません，この列車はパリに行きますか。
★：いいえ，これはリヨン行きです。
☆：あらまあ！ 場所を間違えちゃった。
★：あわてないで。こちらは6番線です。9番線に向かってください。ここを左に曲がってそのまま進めば，あなたが行くべきホームに着きます。

質問：女性の問題は何か。
　1 リヨンからあまりに遠く離れた場所にいる。
　2 間違った列車に乗車している。
　3 正しい場所にいない。
　4 正しい切符を持っていない。

解説　正解は2番目のやりとりからわかる。男性の最後の発言をきちんと聞けば，列車には乗車していないと考えられるので，**2**は誤りだと気付く。（放送文）I'm in the wrong place. →（選択肢）She is not in the right place.の言い換えにも気を付けること。

□ track
線路，（鉄道駅の）〜番線

解答・解説

リスニング 第2部 🔘 60～75

問題 p.179～181

No. 16 解答 1

Attention, students. Due to a severe snowstorm that is approaching the area quickly, we are ending classes early and sending everyone home. We understand that today is Picture Day and some classes have not had their pictures taken yet. We will reschedule with the photographers and let you know when Picture Day will be continued.
Question: Why will Picture Day be rescheduled?

> 生徒のみなさんにお知らせします。この地域に急速に近づいている暴風雪のため，授業は早く終了し，みなさんを帰宅させます。本日は写真の日で，いくつかのクラスではまだ写真を撮影していないことは承知しています。写真業者とスケジュールを立て直し，写真の日の続きはいつになるかをお知らせします。
> 質問：写真の日はなぜスケジュールを立て直されるのか。
> **1 天候による緊急事態があるから。**
> 2 学校の暖房が壊れたから。
> 3 写真業者には別の仕事があるから。
> 4 カメラの1つに損傷があったから。

解説 冒頭で生徒向け放送であること，第2文で暴風雪のため下校が早まることがわかる。第3文からPicture Dayがクラス写真を撮る日だとわかるが，第4文でスケジュールを立て直すとあり，暴風雪が原因であることは文脈からわかる。severe snowstormを選択肢ではweather emergencyと抽象的な表現で言い換えている点に注意。

No. 17 解答 2

The first book written about air pollution was published in 1661. This book contained a list of scientific solutions to the air pollution problem. The author of the book warned against the smoky air over London, and also warned that it was caused by the burning of too much coal by industries rather than in homes.
Question: What did the first book on air pollution contain?

> 大気汚染について書かれた最初の書籍は1661年に出版された。この本には，大気汚染問題に対する科学的解決策のリストが載っていた。その本の著者はロンドン上空の煙った空気に対する注意を呼び掛けた。そしてまた，それが家庭よりも，むしろ工場による多量の石炭の燃焼が原因であると警告したのである。
> 質問：大気汚染に関する最初の本には何が載っていたか。
> 1 ロンドンで発生していた大気汚染の理由の長大なリスト。
> **2 大気汚染問題に対するいくつかの解決策。**
> 3 石炭燃焼の影響についての多くの情報。
> 4 ロンドン上空の煙った空気の原因となる工場のリスト。

解説 選択肢の中ではair pollution, burning coal, smoky airといった語句がトピックを推測する手掛かりになる。第2文のa list of scientific solutions ... から大気汚染問題に対する解決策が本に掲載されていたことがわかる。listという語に反応して**1**や**4**を選ばないように注意。

- □ smoky 煙った
- □ coal 石炭

No. 18 解答 **3**

Yasu has a 45-minute ride on the bus every day. He usually spends it sleeping or listening to music on his MP3 player. Recently, however, he has decided that he should do something else with his time. He has downloaded some audio textbooks from the Internet onto his MP3 player. Now, he is able to listen to them and learn while riding the bus.
Question: What has Yasu done with his MP3 player?

　ヤスは毎日45分間バスに乗車している。彼はその間たいてい，眠ったりMP3プレーヤーで音楽を聞いて過ごす。しかしながら，最近，彼は何かほかの時間の過ごし方をすることに決めた。彼はインターネットからMP3プレーヤーに音声学習テキストをダウンロードした。今，彼はバスに乗車している間にも，それを聞いて学習することができる。
　質問：ヤスはMP3プレーヤーで何をしたか。
　　1 バスに置き忘れた。
　　2 曲目リストを更新した。
　　3 勉強に使った。
　　4 曲をダウンロードした。

解説　第3文がRecently, however, と時の表現＋逆接表現で始まり，「something elseをやろうと決めた」という漠然とした表現になっている。その具体的な内容が続くと予測できるので，集中して聞こう。第4文と第5文の内容を簡潔に言い換えた**3**が正解。

No. 19 解答 **2**

The black mamba is a poisonous snake that lives in Africa. When the snake is in danger, it warns its attacker by opening its mouth wide and showing the blackness inside. This color is where the name black mamba comes from. Another unique feature of the black mamba is that it can travel 11 kilometers per hour to escape danger.
Question: Where does the black mamba get its name?

　ブラックマンバはアフリカに生息する毒ヘビである。このヘビは危険に陥ったとき，口を大きく開け黒い口の中を見せることで，攻撃してくる相手に警告を与える。ブラックマンバという名前はこの色からきている。ブラックマンバのもう1つのユニークな特徴は，危険から逃げるために1時間に11キロメートル移動することができるということだ。
　質問：ブラックマンバはどこからその名前を得たか。
　　1 その目の色から。
　　2 その口の色から。
　　3 その尾の色から。
　　4 その赤ちゃんの色から。

解説　選択肢はすべて「色」についてである。第1文で毒ヘビがトピックであること，第2文で口の中が黒いこと，第3文でそれが名前の由来になっていることがわかる。

解答・解説

No. 20　解答　3

Shawn's wife took him shopping to buy some fashionable clothes. She picked a nice suit and tie for him. Shawn noticed the price of the tie, and was a little shocked. It cost almost as much as the suit. His wife made him purchase it, however. She felt it was worth the cost.

Question: Why was Shawn shocked?

> ショーンの妻はおしゃれな服を買うために彼を買い物に連れていった。彼女は彼のためにすてきなスーツとネクタイを選んだ。ショーンはネクタイの値段に気付いて，少しばかりショックを受けた。それはスーツとほとんど同額だった。しかし，妻は彼にそれを買わせた。彼女からすると，それは値段にふさわしい価値があったのだ。
>
> 質問：なぜショーンはショックを受けたか。
> 　1 そのスーツは彼のファッションスタイルには合わなかったから。
> 　2 洋服店はかなりの低価格を提供していたから。
> 　3 商品の一つはとても高価だったから。
> 　4 彼の妻はそのネクタイが好きではなかったから。

> 解説　選択肢から洋服店での話であることが予測できる。第3～第4文に「ネクタイとスーツの値段がほぼ同額だったので驚いた」とあるので選択肢 **3** が正解。

No. 21　解答　1

The Hanging Gardens of Babylon was one of the seven wonders of the ancient world. They are said to have been beautiful gardens built on terraces raised above and hanging over each other. But in fact, there is no evidence of the gardens having existed today, and nothing is written about them in ancient documents. Therefore, historians wonder if they truly existed.

Question: What do we learn about the Hanging Gardens of Babylon?

> バビロンの空中庭園は古代世界の七不思議の1つであった。それは段々に積み重ねられたテラスにつくられた美しい庭園であったと言われている。しかし実際には今日，その庭園が実在したという証拠はなく，古代の書類にもこれについては何も書かれていない。そのため，歴史家たちはそれが本当に存在したのか疑問に思っている。
>
> 質問：バビロンの空中庭園についてわかることは何か。
> 　1 それは実在のものではなかったかもしれない。
> 　2 それは秘密の場所に再建された。
> 　3 古い書類にそれの絵がある。
> 　4 数多くの希少な植物がある。

> 解説　第3文のBut in fact ...が重要な情報が続く合図になっている。同文から庭園が存在した証拠がないことが，次文からは歴史家もその存在を疑っていることがわかる。こうしたことを簡潔に言い換えた **1** が正解。

No. 22 解答 **4**

Betty is applying to be a flight attendant. She would like to travel the world, and flight attendants also receive good salaries. One of her friends, Sabrina, is already doing that. She told Betty the work is not easy. Attendants must stand for long hours, and be polite to all the passengers. However, the job still seems exciting to Betty.
Question: What do we learn about Betty?

> ベティは飛行機の客室乗務員を志望している。彼女は世界を旅行したいし，飛行機の客室乗務員は給料もよい。友だちの1人のサブリナはすでにその仕事をしている。彼女はベティに，仕事は簡単ではないと言った。客室乗務員は長時間立っていなければならないし，すべての乗客に対して丁寧でなければならない。しかしながら，ベティにはその仕事はそれでも面白く思える。
> 質問：ベティについて何がわかるか。
> **1** 旅行の所要時間を削減したいと望んでいる。
> **2** 給料の増額を要求している。
> **3** サブリナと同じ仕事をしたくない。
> **4** まだ客室乗務員になりたいと思っている。

解説 選択肢**2**，**3**，**4**から，放送文は仕事についての内容ではないかと予測できる。友人は仕事のたいへんさを説いているが，最後の文でHowever, the job still seems exciting to Betty.と言っているので，**4**が正解。

NOTES

□ flight attendant
　客室乗務員

20日目

No. 23 解答 **1**

After starting her own webpage, Junko began to spend a lot of time writing on it. However, her parents noticed that her grades began to fall. They felt that it was because Junko spent too much time on her blog instead of doing homework. So they made a rule for her; they told her she could spend no more than 1 hour per day on the Internet.
Question: Why did Junko's parents make a new rule?

> 自分のウェブページを始めた後，ジュンコはウェブページに書き込むことにたくさんの時間を費やすようになった。ところが，彼女の両親は彼女の成績が下がり始めていることに気付いた。両親はジュンコが宿題をやらないで，ブログに多くの時間を費やし過ぎているからだということを感じた。そこで両親は彼女のためにルールを作り，彼女に1日1時間だけインターネットに費やすことができると言った。
> 質問：なぜジュンコの両親は新しいルールを作ったのか。
> **1** 彼女が勉強するように促すため。
> **2** 彼女の夜更かしをやめさせるため。
> **3** 彼女にクラスメートともっと多くの時間を過ごさせるため。
> **4** 彼女がコンピューターを学ぶのを手助けするため。

解説 第2文冒頭のHoweverは，新しい展開を示唆しているので，集中して内容を聞き取ろう。放送文の第2～第4文の内容から，両親が彼女に勉強をさせるためにインターネットの使用時間を制限したことがわかる。

□ grade　（授業の）成績

解答・解説

No. 24 解答 **2**

Gerald goes fishing in the lake behind his house every weekend. But recently he has been catching fewer fish. Yesterday, he saw a TV news program. It said that in many lakes, fish were dying because of pollution. Gerald decided to get involved in a local environmental group, and encouraged his neighbors to do the same. He hopes the group's activities will help protect the lake.

Question: Why did Gerald join an environmental group?

> ジェラルドは毎週末，家の裏手にある湖に釣りに行く。しかし，最近は魚が釣れなくなってきた。昨日，彼はテレビのニュース番組を見た。それによると，多くの湖では汚染のために魚が死んでいるということだった。ジェラルドは地元の環境保護団体に参加することに決め，近所の人たちにも参加を呼び掛けた。彼は団体の活動が湖を守るのに役立つことを望んでいる。
>
> 質問：なぜジェラルドは環境保護団体に参加したのか。
> 　**1** 彼は家の近くの湖に関する研究をしたから。
> 　**2** 彼は重大な問題についてのマスコミ報道を見たから。
> 　**3** 彼は近所の人からそれについて聞いたから。
> 　**4** 環境保護主義者が彼の学校を訪問したから。

解説　正解は第3〜第4文からわかる。（放送文）a TV news program →（選択肢）a media report，（放送文）fish were dying because of pollution →（選択肢）a major problem という言い換えに注意しよう。

No. 25 解答 **2**

Thank you for calling the Gold Bank automated service center. If you would like to check your account balance, press 1 now. To report a lost or stolen credit card, press 2 now. For other matters relating to your account, press 3 now. For a customer service representative, press 4 now. To repeat the menu, press 9 now.

Question: What number should you push to report a stolen card?

> ゴールドバンク自動音声サービスセンターにお電話をいただき，ありがとうございます。残高を確認されたい場合には1のボタンを押してください。クレジットカードの紛失や盗難のお届けは2を押してください。口座に関するそのほかの問題は3を押してください。お客様サービス係へは4を押してください。はじめからもう一度お聞きになるには9を押してください。
>
> 質問：カードの盗難を届けるには何番を押せばよいか。
> 　**1** 1。
> 　**2** 2。
> 　**3** 3。
> 　**4** 9。

解説　第1文から，電話の自動音声サービスであることをしっかり把握したい。… press 1 と始まる辺りから内容と番号を結びつけてメモをしておくとよい。

NOTES
□ balance　残高

No. 26 解答 **3**

Samantha used to travel across America by plane. Then, she began to regret that she had never seen the countryside. Now, when she has to travel from Chicago to LA, she goes by train. This is more costly and takes longer, but she has a chance to see a lot of beautiful scenery. She would also like to try traveling by bus in the future.

Question: Why does Samantha take the train?

> サマンサはよく飛行機でアメリカを横断旅行したものだった。その後，彼女は田園地帯を一度も見なかったことを後悔し始めていた。今，彼女はシカゴからロサンゼルスへ移動しなければならないのだが，列車で行く。こうすると費用が高く時間も長く掛かるが，たくさんの美しい風景を見る機会になる。将来，彼女はバスでの旅行もしてみたいと思っている。
> 質問：なぜサマンサは列車に乗るのか。
> 　**1** 航空券を買えなかったから。
> 　**2** 安い費用で旅行しなければならないから。
> 　**3** 田園地帯を見たいから。
> 　**4** バスの座席を予約し忘れたから。

解説　選択肢から旅行についての内容であると予測できる。第2～第3文の動機と行動の関係をしっかり把握したい。特定の部分からではなく，全体的な内容から正解を判断する問題。

No. 27 解答 **2**

Earl was getting tired of his boring office job. He really wanted to become a painter. At the beginning of the year, he suddenly quit his job and began to paint full-time. Although he earned no salary, he slowly began to sell some of his work for money. Earl was sure that eventually he could become a very successful painter.

Question: What did Earl decide to do?

> アールは退屈な会社の仕事に飽き飽きし始めていた。本当は彼は画家になりたかった。その年の初めに，彼は突然仕事を辞めて一日中絵を描き始めた。彼は固定収入は得ていなかったけれども，お金のために少しずつ自分の作品のうちいくつかを売り始めるようになった。アールは最終的に画家として大成功を収める自信があった。
> 質問：アールは何をしようと決めたのか。
> 　**1** 新しい会社の仕事を得る。
> 　**2** 違う仕事を始める。
> 　**3** 美しい絵を買う。
> 　**4** より高い給料を要求する。

解説　選択肢から放送文は仕事に関する内容であることが予測できる。正解の鍵となるのは第3文。（放送文）quit his job and began to paint full-time →（選択肢）Begin a different career. の言い換えに注意しよう。

解答・解説

No. 28 解答 4

Miranda often felt tired at work, despite sleeping eight hours a night. She read a health magazine that said exercising and eating fruits and vegetables can increase a person's energy levels. So Miranda began doing yoga daily and eating plenty of fruit. After only a short time, she rarely felt tired at her job.

Question: What change did Miranda make?

> ミランダは，夜8時間の睡眠を取っていたにもかかわらず，仕事で疲れを感じることがよくあった。運動をして果物と野菜を食べると，体のエネルギー水準を高めることができると書かれている健康雑誌を彼女は読んだ。そこで，ミランダは毎日ヨガをして，たくさんの果物を食べ始めた。ほんのしばらくすると，彼女は仕事でめったに疲れを感じなくなった。
>
> 質問：ミランダはどのように変わったか。
> 　1 もっと長い睡眠時間を取り始めた。
> 　2 もっと多くの雑誌を買い始めた。
> 　3 新しい仕事を始めた。
> 　4 定期的な運動を始めた。

解説　選択肢から，ミランダが何かの生活習慣を始めたことについての英文ではないかと予測できる。運動（exercising）が健康に良いと書いてある雑誌を読んで，毎日ヨガを始めた（began doing yoga daily）ことから正解がわかる。なお，選択肢ではこの部分が，started doing regular exercise という表現になっている。

No. 29 解答 1

One of the first sports a child likes to try is wrestling. Even very young children seem to enjoy it. In addition to being an exciting sport, wrestling is excellent exercise. It moves all the muscles from head to toe. Because wrestling depends on physical rather than visual contact, visually challenged people can also take part in it.

Question: What makes wrestling a good sport for visually challenged people?

> 子どもが最初に好んで試みるスポーツの1つがレスリングである。とても小さな子どもでさえ，それが楽しいようである。レスリングは人を興奮させるだけでなく，優れた運動でもある。それは頭からつま先までのあらゆる筋肉を使う。レスリングは視覚的な伝達ではなく身体的接触に頼るものなので，目が不自由な人々もそれに参加することができる。
>
> 質問：目が不自由な人々にとって，レスリングはどのようなところが優れているのか。
> 　1 身体的な接触に依存していること。
> 　2 幼い子どもでも楽しめること。
> 　3 頭からつま先まで全身の筋肉を動かす必要があること。
> 　4 興奮するスポーツであること。

解説　レスリングの優れた点が順に述べられている。質問が読まれるまで正解のポイントが予測しにくいので，内容をうまく整理して聞き取りたい。最後の文のBecauseが聞こえたら，何の理由で，レスリングの何がどうなのかをしっかり聞き取ろう。

No. 30 解答 **2**

Connie owns a small hair salon. Recently, some customers began asking about the lotions and shampoos her shop uses. They wanted to know if they are all-natural. After learning more about natural products on the Internet, she decided to only use all-natural materials in her shop. She now advertises the fact in her shop window, and the number of customers has increased.

Question: What have customers been asking Connie about?

 コニーは小さな美容院を営んでいる。最近，何人かの客が店で使用しているローションとシャンプーについて質問をし始めた。客たちはそれらが100パーセント天然の素材かどうかを知りたがっていたのだ。インターネットで天然の商品についてより多くを学んだ後，彼女は自分の店ではすべて天然の素材だけを使用することを決めた。彼女は今，店のショーウインドーでその事実を告知し，客の数が増えている。
 質問：客は何についてコニーに尋ねているか。
　1 彼女の美容院でできるヘアスタイル。
　2 彼女が使う商品の種類。
　3 彼女の会社のウェブアドレス。
　4 彼女の店のショーウインドーに出ている値段。

解説 選択肢からは放送文の内容を想像しづらいが，hairstyles，her salon，business，shopなどから，美容院（理髪店）での話ではないかと推測しよう。正解の決め手となるのは第2〜第3文。第2文冒頭のRecentlyは新しい展開が話される合図なので，後に続く部分の聞き取りに集中しよう。

ポイントのおさらいと学習アドバイス

20日間で学習したポイントと、その分野で得点するためのアドバイスをまとめました。

試験直前に 各ポイントの内容をチェックし、試験本番で意識しなければいけないことを確認しましょう。

苦手分野の復習に 各分野のポイントを見直し、自信のないところがあれば各日に戻って復習をしましょう。

筆記1（単語）

基礎編 ▶ 1日目、4日目
- ☐ 選択肢が名詞の問題はまず空所の前後に注目！
- ☐ 選択肢が動詞の問題は空所の後ろに注目！
- ☐ 形容詞・副詞は被修飾語との関係に注目！
- ☐ コロケーションに注目！
- ☐ 動詞は自動詞か他動詞かに注意！
- ☐ 動詞が作る構文に注意！

応用編 ▶ 11日目、14日目
- ☐ 語の一部が共通する語に注意！
- ☐ 紛らわしい語に注意！
- ☐ 意味の対立する語
- ☐ 基本語の隠れた意味に注意
- ☐ 動詞に関連する構文に注意

アドバイス
わからない単語を一つ一つ確実に覚え、よく問われる問題のパターンを覚えましょう。またその際、単語の意味以外に、語法（その語特有の使われ方など）にも注意しましょう。単熟語集などを利用するのも効果的です。

筆記1（熟語）

基礎編 ▶ 2日目
- ☐ 句動詞は副詞や前置詞のイメージを覚えよう！
- ☐ 副詞の働きをする熟語
- ☐ 前置詞の働きをする熟語

応用編 ▶ 12日目
- ☐ 句動詞とそのほかの熟語動詞を覚えよう！
- ☐ 副詞の働きをする熟語を覚えよう！
- ☐ 前置詞の働きをする熟語を覚えよう！
- ☐ be＋形容詞＋前置詞を覚えよう！

アドバイス
最も出題頻度の高い句動詞を中心に学習しましょう。出題頻度はあまり高くありませんが、副詞・前置詞の働きをする熟語、形容詞を中心とする熟語も押さえておきましょう。

筆記1（文法）

基礎編 ▶ 3日目
- ☐ SVOCのC（補語）になる語の種類に注目！
- ☐ 完了形の用法に注目！
- ☐ 分詞構文を押さえておこう！

アドバイス
最も出題頻度の高い動詞の形を問う問題を、文法的な根拠をもとに解けるようにしましょう。自信がない文法は、文法書で学習し直すのもよいでしょう。

応用編 ▶13日目
- □ 仮定法過去・仮定法過去完了をチェックしよう！
- □ 前置詞の用法をチェックしよう！
- □ 倒置用法をチェックしよう！

筆記2
基礎編 ▶ 5日目
- □ 概要を素早く把握し，空所周辺と選択肢に目を通そう！
- □ 順接，逆接，譲歩などの論理展開を読み取ろう！

応用編 ▶15日目
- □ 空所の前からのアプローチ！
- □ 空所の後ろからのアプローチ！
- □ 代名詞・言い換え表現からのアプローチ！

アドバイス

文章を効率的に読んで正解にたどりつく手順を実践できるようにしましょう。問題を解き終わったら文章をじっくり読んで読解力をつけましょう。

筆記3
基礎編 ▶ 6日目，7日目
- □ まず質問と選択肢に目を通そう！
- □ タイトル・書き出しの文に注意しよう！
- □ 段落の最初と最後に注目しよう！
- □ 段落間のつながりを把握しよう！

応用編 ▶16日目
- □ キーワードや接続表現に注目！
- □ 言い換え表現を見破ろう！

アドバイス

手順をつかみ，タイトルや書き出しの文，段落間のつながりなどを意識して，素早く読めるようになりましょう。解けなかった問題は英文をじっくり読んでもう一度考えてみましょう。

筆記4
基礎編 ▶ 8日目
- □ 書く内容をメモしよう！
- □ 文章の順番・構成を考えよう！

応用編 ▶17日目
- □ 接続表現を適切に使おう！
- □ パラフレーズ(書き換え)のテクニックを使いこなそう！

アドバイス

全体を「序論」「本論」「結論」で構成すると，わかりやすく論理的な英文ができます。「序論」では自分の意見を明確にし，「本論」では2つの理由を述べ，「結論」で再度自分の意見を述べて文章を締めくくるパターンを身につけましょう。

リスニング第1部
基礎編 ▶ 9日目
- □ 問題の選択肢を事前にチェックしよう！
- □ 会話の「場面」と「状況」を把握しよう！
- □ 最初の発言を聞き逃すな！

応用編 ▶18日目
- □ パラフレーズ（言い換え）に注意しよう！
- □ よく出る会話表現をチェックしよう！

アドバイス

選択肢に目を通す→放送文を聞く→解答する→次の問題の選択肢に目を通す…というパターンに慣れましょう。注意すべき言い換えとよく出る会話表現も覚えておくと便利です。

リスニング第2部
基礎編 ▶10日目
- □ 英文の「主題」と「内容」を把握しよう！
- □ 「時間表現」と「逆接表現」に注目しよう！
- □ 質問文の疑問詞を注意して聞こう！

応用編 ▶19日目
- □ パラフレーズ（言い換え）に注意しよう！
- □ 重要な発音のパターンをチェックしよう！

アドバイス

時間表現と逆接表現に注意しながら聞き取り，言い換えに注意しながら答えを選びましょう。

> 一次試験に合格したら…

二次試験・面接はこんな試験！

一次試験に合格すると，二次試験に面接があります。

❶ 入室とあいさつ
係員の指示に従い，面接室に入ります。あいさつをしてから，面接委員に面接カードを手渡し，指示に従って，着席しましょう。

⬇

❷ 名前と受験級の確認
面接委員があなたの氏名と受験する級の確認をします。その後，簡単なあいさつをしてから試験開始です。

⬇

❸ 問題カードの黙読
英文とイラストが印刷された問題カードを手渡されます。まず，英文を20秒で黙読するよう指示されます。英文の分量は60語程度です。

⬇

❹ 問題カードの音読
問題カードの音読をするように指示されるので，英語のタイトルから読みましょう。時間制限はないので，意味のまとまりごとにポーズをとり，焦らずにゆっくりと読みましょう。

⬇

❺ 4つの質問
音読の後，面接委員の4つの質問に答えます。No.1・2は問題カードの英文とイラストについての質問です。No.3・4は受験者自身の意見を問う質問です。No.2の質問の後，カードを裏返すように指示されるので，No.3・4は面接委員を見ながら話しましょう。

⬇

❻ カード返却と退室
試験が終了したら，問題カードを面接委員に返却し，あいさつをして退室しましょう。

面接の例題やくわしい対策を知りたい人におすすめ！

『10日でできる！
英検2級二次試験・面接　完全予想問題』
CD・DVD各1枚付

[DAILY20日間 英検2級 集中ゼミ　新試験対応版]

20日目 実力完成模擬テスト 解答用紙

【注意事項】

① 解答にはHBの黒鉛筆（シャープペンシルも可）を使用し、解答を訂正する場合には消しゴムで完全に消してください。

② 解答用紙は絶対に汚したり折り曲げたり、所定以外のところへの記入はしないでください。

③ マーク例

良い例	悪い例
●	◐ ⊗ ◑

これ以下の濃さのマークは読めません。

	解答欄				
問題番号		1	2	3	4
1	(1)	①	②	③	④
	(2)	①	②	③	④
	(3)	①	②	③	④
	(4)	①	②	③	④
	(5)	①	②	③	④
	(6)	①	②	③	④
	(7)	①	②	③	④
	(8)	①	②	③	④
	(9)	①	②	③	④
	(10)	①	②	③	④
	(11)	①	②	③	④
	(12)	①	②	③	④
	(13)	①	②	③	④
	(14)	①	②	③	④
	(15)	①	②	③	④
	(16)	①	②	③	④
	(17)	①	②	③	④
	(18)	①	②	③	④
	(19)	①	②	③	④
	(20)	①	②	③	④

		解答欄				
問題番号			1	2	3	4
2	A	(21)	①	②	③	④
		(22)	①	②	③	④
		(23)	①	②	③	④
		(24)	①	②	③	④
	B	(25)	①	②	③	④
		(26)	①	②	③	④
3	A	(27)	①	②	③	④
		(28)	①	②	③	④
		(29)	①	②	③	④
	B	(30)	①	②	③	④
		(31)	①	②	③	④
		(32)	①	②	③	④
		(33)	①	②	③	④
	C	(34)	①	②	③	④
		(35)	①	②	③	④
		(36)	①	②	③	④
		(37)	①	②	③	④
		(38)	①	②	③	④

※筆記4の解答欄はこの裏にあります。

	リスニング解答欄				
	問題番号	1	2	3	4
	No. 1	①	②	③	④
	No. 2	①	②	③	④
	No. 3	①	②	③	④
	No. 4	①	②	③	④
	No. 5	①	②	③	④
	No. 6	①	②	③	④
第1部	No. 7	①	②	③	④
	No. 8	①	②	③	④
	No. 9	①	②	③	④
	No. 10	①	②	③	④
	No. 11	①	②	③	④
	No. 12	①	②	③	④
	No. 13	①	②	③	④
	No. 14	①	②	③	④
	No. 15	①	②	③	④
	No. 16	①	②	③	④
	No. 17	①	②	③	④
	No. 18	①	②	③	④
	No. 19	①	②	③	④
	No. 20	①	②	③	④
	No. 21	①	②	③	④
第2部	No. 22	①	②	③	④
	No. 23	①	②	③	④
	No. 24	①	②	③	④
	No. 25	①	②	③	④
	No. 26	①	②	③	④
	No. 27	①	②	③	④
	No. 28	①	②	③	④
	No. 29	①	②	③	④
	No. 30	①	②	③	④

●記入上の注意（記述形式）
・指示事項を守り，文字は，はっきりと分かりやすく書いてください。
・太枠に囲まれた部分のみが採点の対象です。

4 ライティング解答欄